Bibliografische Information der Deutschen Nationalbibliothek.

Die Deutsche Nationalbibliothek verzeichnet diese Publikation in der Deutschen Nationalbibliografie; detaillierte bibliografische Daten sind im Internet über http://dnb.dnb.de abrufbar.

1. Auflage

Umschlaggestaltung, Illustration: Jens Glutsch

Lektorat: Jens Glutsch

Foto: Janusch FotoDesign

Herstellung und Verlag: BoD – Books on Demand, Norderstedt

Printed in Germany

ISBN: 9783752829709

Ideen zum digitalen Widerstand

Der Blog 2017 - analog

Jens Glutsch

Manufaktur
für
digitale Selbstverteidigung

Für Johanna.

Für immer.

Inhaltsverzeichnis

Neustart.

TL;DR

- Umzüge laufen immer anders als man plant: Irrsinn Umzug
- Renovierung wird nicht mein Hobby: Omaha Beach - Renovierung als Kriegsschauplatz
- Recherchieren, schreiben, redigieren: Ein Jahr für ein Buch
- Jetzt in historischen Hallen: Das Erwachen der Manufaktur
- Ich bin der Blogwart in meinem Blog: Mein Newsletter - meine Daten!
- Von hier aus geht es weiter: Der Blog und mehr

Zehn Wochen später.
Gefühlt nach einer halben Ewigkeit.
Weihnachten war wohl - mitbekommen habe ich davon leider nichts.
Der Jahreswechsel muss wohl auch stattgefunden haben - schließlich steht jetzt eine 7 am Ende der Jahreszahl.

Irrsinn Umzug

Seltsam, dabei ist der rein technische Vorgang eines Umzugs in einem Tag vorbei:
Die Umzugsbrigade rückt morgens in der alten Heimstatt an, packt ein was einzupacken ist und rückt ab, wenn die Wohnung leer ist.
Die Schlüsselübergabe läuft ab - die Wohnung ist leer und besenrein.
Am Nachmittag hat die Umzugstruppe alles aus ihrem LKW in die neuen heiligen Hallen ausgeladen - fertig.
So die Theorie.

Es fing ja auch ganz planmäßig an.

Die Mannen von der schleppenden Fraktion war pünktlich, freundlich und motiviert.

Nach drei Stunden waren die heiligen Hallen leer und der LKW voll.

Ich konnte die Wohnung ordnungsgemäß - und besenrein - übergeben und mich auf den Weg in mein neues Zuhause chauffieren lassen.

Ungefähr am Kreuz Stuttgart erreichte mich dann der Anruf, welcher den ersten Hinweis darauf gab, dass es, nun ja, nicht ganz wie geplant laufen würde.

Kein Außenaufzug für die Möbel.

Hmm, schade.

Aber da merkt man, ob man mit Profis zusammenarbeitet oder mit Fallobst.

Zum Glück habe ich Profis engagiert und alles was noch Mittags den Möbelwagen belagerte, residierte nun im Dachgeschoss meiner neuen Heimstatt.

Zwar mit Menschenkette und Muskelkraft anstelle von Möbelaufzug und Mechanik, aber manchmal zählt eben doch das Ergebnis.

Nun, kleine Ausnahmen wie ein Regal und ein halbes Sofa mussten eben im Erdgeschoss bleiben - manch alte Treppenhäuser zollen eben üppigen Möbeln ihr Tribut - aber auch diese Herausforderung wurde dank stählernen Einsatzes gelöst: ein dreifaches Hoch auf das Zimmererhandwerk!

Omaha Beach - Renovierung als Kriegsschauplatz

Nun gut, von hier an ging es abwärts.

Also in die unteren Etagen. Diese mussten freigeräumt - geradezu erkämpft - werden, um ausreichend Raum zu schaffen, welcher zunächst renoviert werden musste.

Aber es gelang.

Es war ein holziger und ungehobelter Weg, der jedoch lohnte, gegangen zu werden. Auch dies war eher ein Weg, den ich gerne vermieden hätte, aber er war lehrreich und das Ergebnis wiegt den Widerstand mehr als auf.

Schließlich lernen wir nur durch Widerstände ... seufz ... manches mal in den letzten vier Monaten habe ich mir jedoch gewünscht, nicht so viel Gelegenheiten zum Lernen auf einmal zu erhalten ...

Die Manufaktur hat ihr zuhause gefunden.

Dies waren vier - in dieser Form vollkommen ungeplante - Monate Verzögerung.

Aber was sind schon vier Monate? Eine Verzögerung, die beim Berliner Hauptstadtflughafen noch nicht einmal eine Randnotiz wert wäre.

Jetzt können weitere Verbesserungen stattfinden.

Ich darf nicht vergessen, dass meine Arbeit weitergeht - auch wenn sie zuweilen drohte, unter dem Irrsinn der Umzugsrenovierung vollkommen in Vergessenheit zu geraten.

Ein Jahr für ein Buch

Schließlich haben sich in dieser Zeit auch einige fantastische und spannende Dinge getan, die ich in ihrer Wirkung für mich nicht mindern will.

So habe ich schließlich, nach nur gut einem Jahr Vorbereitungs- und Schreibzeit, mein Buch

ZEN oder die Kunst, seine Privatsphäre zu schützen

fertig gestellt und veröffentlicht.

Das Taschenbuch[1] und das eBook[2] bekommt man im wohlsortierten Internet und im profunder unterstützenden lokalen Buchhandel.

Mein Buch gibt einen Überblick über meine Gedanken zu Privatsphäre, Freiheit und den Gefahren, wenn wir sowohl das eine als auch das andere aufgeben.

Angereichert ist mein Oeuvre mit Tipps und Kniffen, die uns helfen, beides besser zu schützen (und dabei auch ein leichteres Leben zu führen).

Dies hätte ich ohne den großen Support von vielerlei Seite nicht in dieser Zeit geschafft.

Daher auch an dieser Stelle nochmals meinen herzlichen Dank an meine Unterstützer!

Gelernt habe ich auch folgendes: Schreibe niemals ein Buch ohne die Unterstützung durch ein Lektorat (Danke, Simona[3]!) und lasse das Cover von jemanden gestalten, der Ahnung von dieser Materie hat (Danke, Dominik[4]!); von außen kommen an beiden Stellen einfach Impulse, die mir als Autor aufgrund der Themenblindheit hinten runter fallen würden.

Das Erwachen der Manufaktur

Eine weitere Aufgabe, die ich mir in den vergangenen Monaten auf die Fahnen geschrieben habe, ist der Aufbau der *Manufaktur für digitale Selbstverteidigung.*

Ein großes Wort.

Also eher zwei große, ein mittleres und ein kleines Wort.

Nichtsdestotrotz der Anfang von etwas Großem.

Und Handgefertigtem.

Eben eine Manufaktur.

In schönen historischen Räumen.

Was schon 500 Jahre intakt geblieben, 2 Weltkriege und sonstiges Ungemach unbeschadet überstanden hat, das ist der richtige Rahmen, um den Schutz der Privatsphäre voran zu bringen und zu stärken.

Hier ist Raum genug, um Workshops vorzubereiten und abzuhalten.

Bücher zu schreiben und zu präsentieren.

Kunden zu empfangen und ihnen das notwendige Handwerkszeug zum Schutz ihrer Daten und Geheimnisse mit auf den Weg zu geben!

Mein Newsletter - meine Daten!

Auch Kleinigkeiten wie den Neustart meines Newsletters habe ich in dieser Zeit durchgeführt.

Ständiges Lernen und Weiterentwicklung meines Standpunktes führen mich zu Verbesserungen in allen Belangen.

So habe ich mich in diesem konkreten Fall dazu entschlossen, Amerika als Datenheimat für meine Newsletter hinter mir zu lassen (was ich im Fall von Trumps neuen Ideen hinsichtlich einer datentechnischen Zweiklassengesellschaft auch jedem Internetnutzer dringend ans Herz lege - weg von DropBox und Co., hin zu Servern in Deutschland!) und diesen jetzt, mit geringem Mehraufwand eigenverantwortlich beheimate.

Daher heißt es nun: Goodbye MailChimp, hallo Wordpress (in Deutschland gehostet).

Der Blog und wie es weitergeht

Der Blog-Plan für 2017 steht, Ideen und Themen gibt es jeden Tag mehr - das heißt: ran an die Tastatur, es wird wieder geschrieben!

Dieses Jahr beleuchte ich unter anderem Themen wie Schlangenöl, Geld und dessen Zusammenhang mit unserer Privatsphäre.

Weiterhin mache ich mir Gedanken über die Themen Online-Accounts, Manipulation und Meinungsmache.

Genug Zeit der Vorbereitung, ich bin wieder da und lasse dem Neustart jetzt auch neue Taten (und Worte) folgen!

Und jetzt?

Frisch auf, liebe Leser! Freut euch auf mehr - und kauft fleißig mein Buch, es kommen noch genug regnerische Tage, an denen viel Zeit zum Lesen ist!

E-Mail in unsicheren Zeiten

Warum ist E-Mail gefährdet?

TL;DR

- Kommunikation auf der roten Liste: E-Mail, eine aussterbende Art zu kommunizieren?
- E-Mail - Die elektronische Gefahr?: Eher gefährlich als gefährdet?
- Was gut ist kann noch verbessert werden: Was sind die Vorteile von E-Mail?

E-Mail ist in meiner Wahrnehmung immer noch die verbreitetste und ausgereifteste Form elektronischer Kommunikation.

Aus diesem Grund beschäftige ich mich in den folgenden Artikeln mit einigen Fragen rund um die elektronische Postkarte.

Dazu schaue ich mir erst einmal an, warum ich die E-Mail für eine gefährdete Art halte - wird ihr ein ähnliches Schicksal wie der Brieftaube und dem getanzten Telegramm im Gorillakostüm beschieden sein?

Daran anschließend führe ich aus, warum wir unsere E-Mail-Kommunikation tunlichst verschlüsseln sollten (oder nageln Sie Ihre intimsten Gedanken luthergleich an die nächste verfügbare Kirchenpforte?).

Dieser Brandrede für eine Stärkung unserer Privatsphäre durch Verschlüsselung lasse ich einen Richtlinien-Katalog für schönes, wahres und gutes mailen folgen.

Beschließen werde ich die Reihe mit Empfehlungen zu E-Mail-Providern oder sonstigen Möglichkeiten für sicheres mailen.

Genug der Vorrede, jetzt Butter bei die Fische und los mit der ganzen E-Mailerei.

E-Mail, eine aussterbende Art zu kommunizieren?

Handelt es sich bei E-Mail wirklich um eine aussterbende oder zumindest vom Aussterben bedrohte Art der digitalen Kommunikation?

Wird es E-Mails möglicherweise so ergehen wie seinerzeit dem gesungenen und getanzten Telegramm im Gorillakostüm?

Werden in Zukunft nur noch einige wenige Liebhaber des geschriebenen digitalen Wortes schön gestaltete E-Mails aufsetzen und diese auf Kongressen miteinander tauschen?

Nein, ich denke nicht, dass es in absehbarer Zeit dazu kommen wird.

Zum einen wird die E-Mail, wenn sie durch eine andere Form des digitalen Austausches abgelöst wird, einfach verschwinden.

Es wird keine Subkultur von E-Mail-Sammlern geben, wie bei Briefmarken oder gebrauchten Kochlöffeln von Fernsehköchen.

Wird E-Mail durch immer mehr neue, spezifische und in sich geschlossene Chatsysteme abgelöst werden?

Jedes dieser immer schneller auftauchenden Systeme bietet noch mehr Funktionalität, noch mehr bunt, noch mehr klickbar.

Und jedes System will noch mehr Daten von uns absaugen.

Nein, ich glaube nicht, dass E-Mail ausstirbt.

Die Post gibt es schließlich immer noch.

Trotz Telefon.

Trotz E-Mail.

Trotz *Der-nächste-heiße-Scheiß-im-digitalen-Kommunikationshimmel-den-man-unbedingt-haben-muss.*

Der massive Vorteil von E-Mail gegenüber all den neuen, hippen, bunten und klickbaren ist, dass es auf einem allgemeinen, offenen und stabilem Protokoll basiert.

Nun gut, das ist auch eine der Schwachstellen und auch dafür gibt es eine Lösung (ja, ich höre aus den hinteren Reihen die Rufe nach XMPP), aber jetzt bin ich dabei, eine Lanze für die E-Mail zu brechen.

E-Mail setzt auf offenen, etablierten und weit verbreiteten Protokollen auf.

Dadurch ist eine hohe Akzeptanz und Verfügbarkeit auf allen möglichen (und einigen unmöglichen) Systemen gegeben.

Wir brauchen für die Teilnahme an der Kommunikation mit E-Mail lediglich eine E-Mail-Adresse.

Die Funktionalitäten der unterschiedlichen Anbieter sind im Grunde genommen austauschbar und unterscheiden sich lediglich in Teilaspekten hinsichtlich der Sicherheit.

Gerade aus diesem Grund können wir uns auf diese Sicherheitsunterschiede konzentrieren und einen Anbieter auswählen, welcher hier die höchsten Standards erfüllt - dazu komme ich letzten Teil meiner Reihe über E-Mail.

Wir können uns darauf verlassen, dass wir alle Teilnehmer elektronischer Kommunikation auf Basis von E-Mail erreichen können, solange wir eine E-Mail-Adresse haben.

Wenn jemand gegen den festgelegten Standard in der E-Mail-Kommunkation verstößt, dann müssen (oder können!) wir diesen Teilnehmer (z.B. Gmail) explizit sperren - auch dieses Möglichkeit bietet E-Mail.

Beim nächsten (oder übernächsten) heißen Scheiß im digitalen Kommunikationskarussel müssen wir zuerst prüfen, ob unser gewünschter Kommunikationspartner auch in diesem geschlossenen System vorhanden ist - vollkommen unhandlich und untauglich als grundlegende Kommunikationsplattform.

Eher gefährlich als gefährdet?

Betrachten wir die Frage, ob E-Mail gefährdet ist aus einer anderen Perspektive.

Vielleicht ist E-Mail eher gefährlich als gefährdet, schließlich ist es ein offenes weitverbreitetes System.

Aus einer gewissen, offenheitsscheuen Argumentation wird alles, was offen ist, auch als potenziell gefährlich angesehen, weil es keine Möglichkeiten zum Verstecken von unerwünschten Bestandteilen bietet.

Aber das Gegenteil ist der Fall:

Alles was geschlossen ist, ist potenziell gefährlich, da es sich der Überprüfbarkeit auf eben diese unerwünschten Bestandteile entzieht.

Da es nichts vollkommen Sicheres gibt, bieten natürlich auch Protokolle wie die, auf denen E-Mail aufbaut, Unsicherheiten.

E-Mail wurde nicht im Hinblick auf sichere Kommunkation entwickelt. Aus diesem Grund fehlt bei den Standards die "*security-by-design*", welche eine stabile Grundlage für durchgängig sichere elektronische Kommunkation bietet.

E-Mail ist eine elektronische Postkarte und verfügt daher nicht per se über die Möglichkeit der sicheren Kommunikation, die wir von einem elektronischen Brief erwarten.

Diese digitale Abbildung eines Briefumschlages muss zunächst zusätzlich eingerichtet werden - aber die Möglichkeit dieser Erweiterung ist in den E-Mail-Standards bereits vorgehsehen.

Was bleibt, ist das Risiko der Metadaten, die bei Nutzung von E-Mail entstehen.

Aber die entstehen auch bei den neuen, mit security-by-design-gesegneten Chatsystemen.

Und da E-Mail ein föderiertes System ist, laufen die anfallenden Metadaten nicht in einem zentralen Server zusammen, was uns E-Mail-

Nutzern einen besseren Schutz unserer Daten bietet, als dies bei bunt-und-klickbaren-hipster-Chatsystemen, die über einen zentralen Server abgewickelt werden, möglich ist (ja, ich höre euch in den hinteren Reihen: XMPP kann das - aber XMPP ist heute nicht mein Thema :)).

Nun und schließlich ist E-Mail ja eine der großen Trägersysteme für Viren, Trojaner und Schadsoftware aller Art.
Aber ist das tatsächlich ein Problem der Plattform - oder liegt es nicht viel eher am zu neugierigen und zu ungeschulten Anwender?
Ich glaube daran, dass man den Boten nicht wegen der Botschaft erschießen sollte - und bin daher fest davon überzeugt, dass dies ein Problem auf Anwenderseite ist (das es zu lösen gilt).
Wir machen ja auch die Post nicht für Briefbomben verantwortlich.
Ich halte es an dieser Stelle wirklich für sehr wichtig, dass wir den Anwender weg vom schnellen (aber falschen!) Power-User zu einem kritischen Anwender schulen.

Was sind die Vorteile von E-Mail?

Warum aber sollten wir uns mit einem System "belasten", welches doch genauso problembelastet ist wie der nächste noch-viel-bunter-und-viel-klickbarer (und-mit-Features-überfrachteten) proprietären Messenger?

Eben darum: E-Mail ist nicht proprietär.
Wir können uns den Client unserer Wahl aussuchen und sind nicht auf Gedeih und Verderb der Anwendung ausgeliefert, welche sich der Anbieter des hippen Messengers sich ausdenkt.
Inklusive aller Features, die er uns Anwendern aufzwingt - oder auch wieder ganz nach seinem Gusto entfernt.

Wir sind bei der Nutzung von E-Mail viel flexibler was die Auswahl von Clients hinsichtlich Funktionalität und Bedienkonzept angeht.
Auch die Verbreitung von E-Mail spricht meiner Ansicht nach für die Nutzung von E-Mail als Kommunikationsplattform.

Ja, ja, da hör ich wieder die WhatsApp-Jünger singen...

Ja, ihr seid 1 + x Milliarden.

Aber ich will meine Daten nicht einem datenkrakenden Datenhändler in den Rachen werfen!

E-Mail gehört niemandem.

Die proprietären Hipster-Chatsysteme gehören einem Unternehmen.

E-Mail basiert auf einem offenen Protokoll, da hängt man nicht an der digitalen Gunst eines Datenoligarchen, der möglicherweise doch irgendwann entscheidet, dass es ganz cool wäre, sich seine Dienstleistung jetzt auch mit Geld bezahlen zu lassen.

Und was dann, WhatsApp-Jünger?

Ihr wollt ja eure 483 WhatsApp-Kontakte nicht verlieren?

Aber Provider-Wechsel ist halt nicht vorgesehen.

Bei E-Mail kann ich das tun.

E-Mail-Provider helfen mir sogar dabei, wenn ich von E-Mail-Provider A zu X wechseln will.

Ok, ok, meine neue E-Mail-Adresse muss ich unter meinen Kontakten verteilen, aber ich kann meine Kontakte weiter behalten!

Und jetzt?

Ein Aufruf: Lieber Leser, ermächtigt euch selbst zu versierten E-Mailern - oder fragt jemanden, der euch dabei hilft.

Warum wir verschlüsseln sollten

TL;DR

- Warum wir verschlüsseln sollten: Grund und Recht für Krypto
- Ein Missverständnis, das mich erschreckt: Verschlüsselung ist unsicher - gehts noch?
- Es ist nicht so schwierig wie ihr glaubt: Wir haben schon ganz anderes gelernt
- Wie fange ich an: Der kryptographische Dreisprung

E-Mail Verschlüsselung - ein Thema mit sieben Siegeln (für die meisten) und mit zwei Schlüsseln (für alle).

Mir geht es jetzt nicht darum, zu erklären, wie E-Mail Verschlüsselung technisch funktioniert, sondern warum wir alle, die E-Mail nutzen, dies einsetzen sollten.

Warum wir verschlüsseln sollten

Um es ganz kurz auf den Punkt zu bringen:

Es ist unser Recht. Und es nicht nur irgendein abgeleitetes Recht.

Nein, es ist ein Grundrecht.

In Artikel 10 des Grundgesetzes[5] heißt es:

"Das Briefgeheimnis sowie das Post- und Fernmeldegeheimnis sind unverletzlich."

Das klingt für mich doch nach einer ganz klaren Handlungsanweisung in Richtung Verschlüsselung.

Was aber noch viel wesentlicher und grundlegender für mich ist, ist die schlichte Tatsache, dass es verdammt nochmal einfach einen dritten einen Scheiß angeht, was ich jemandem in einer E-Mail mitteile!

Ich lebe immer noch in dem Glauben, dass wir in einer Gesellschaft leben, in der **keinerlei** Massenüberwachung notwendig ist, um unsere

Sicherheit zu gewährleisten.

Ich bin auch nicht bereit, meine Grundrechte, meine Freiheit und meine Privatsphäre für *"The Greater Good"* aufzugeben.

Denn wenn wir das tun, dann gibt es auch kein *"Greater Good"*, für das es sich lohnt zu kämpfen.

Dann nämlich leben wir in einer Diktatur.

Verschlüsselung ist der notwendige technische Aufwand, den wir betreiben müssen, um das Grundrecht einer unverletzten elektronischen Kommunikation via E-Mail durchzusetzen.

Leider bietet E-Mail per se diese Möglichkeit nicht an, so dass wir an dieser Stelle initial einmalig tätig werden müssen - aber dieser geringe Aufwand lohnt sich.

Es geht schließlich um unsere Freiheit und unsere Privatsphäre.

Das sind doch Werte, für die es lohnt, etwas Aufwand zu betreiben.

Ein Missverhältnis, das mich erschreckt

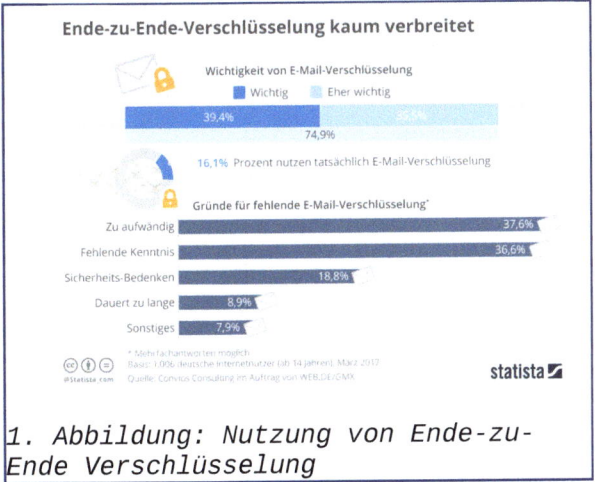

1. Abbildung: Nutzung von Ende-zu-Ende Verschlüsselung

Jüngst ist mir eine Statistik[6] (gut, ich habe diese nicht selbst gefälscht, daher betrachte ich sie mit mehr Skepsis als wenn ich es getan hätte) zum Thema E-Mail Verschlüsselung zu Augen gekommen.

Danach halten 75% der Befragten E-Mail Verschlüsselung für wichtig, aber lediglich 16% verschlüsseln tatsächlich.

Gut, dieses Missverhältnis kann ich mir noch gut mit dem Widerspruch zwischen Wunsch und Wirklichkeit erklären.

Aber bei den Begründugen, warum nicht verschlüssel wird, rollen sich mir die Zehennägel auf.

18,8% gaben Sicherheitsbedenken als Grund an, ihre E-Mails nicht zu verschlüsseln.

Sicherheitsbedenken??

Was bitte soll denn unsicherer bei elektronischer Kommunikation sein, als nicht zu verschlüsseln?

Es lesen doch sowieso schon alle Dienste unsere unverschlüsselten Mails, wenn diese an den Zapfstellen[7] vorbeikommen.

Die liegen im Klartext vor!

Das macht mich wirklich fassungslos.

Die weiteren Gründe (Zu aufwändig: 37,6% und Fehlende Kenntnis:

36,6%) kann ich gut nachvollziehen - aber selbst dabei fehlt mir letztendlich das Verständnis.

Wir sind alle bereit, für unsere Mobilität einen Führerschein zu machen. Das kostet Zeit und das kostet Geld.
Und das betrifft nur unsere Mobilität.
Aber für etwas, das unsere Freiheit und unsere Privatsphäre betrifft, sind wir offenbar weder bereit, Zeit noch Geld zu investieren.
Das schockiert mich wirklich.

Es ist nicht so schwierig wie ihr glaubt

E-Mail Verschlüsselung ist Computer Science, nicht Rocket Science. Und selbst von der Computer Science müsst ihr nicht alles verstehen - und euch schon gar nicht alles selbst beibringen.

Auch an dieser Stelle passt das Beispiel vom Führerschein wie Nut und Feder.

Wir sind bereit Zeit, Geld und Nerven (unsere und die aller anderen Verkehrsteilnehmer und Familienmitglieder) in unsere Führerscheine zu investieren.

Ja, es geht dabei um Menschenleben und da sollte man schon Ahnung davon haben, wie so eine 1,5 Tonnen schwere und mit ordentlicher Beschleunigung gesegnete Maschine funktioniert.

Aber - und hier wiederhole ich mich nur zu gern - bei unserer Kommunikation via E-Mail geht es um unsere Privatsphäre!

Und die Privatsphäre unserer Freunde, Familie, Kinder und Enkel.

Ist uns deren Schutz nicht zumindest Zeit, vielleicht auch Geld (und auch ganz bestimmt Nerven) wert ?

Wir müssen ja nicht sofort zum Krypto-Guru werden.

Eine sichere E-Mail Kommunikation kann stufenweise aufgebaut werden. Niemand muss ab sofort nur noch mit dem Aluhut rumlaufen (das kann optional später stattfinden).

Wie fange ich an? E-Mail Verschlüsselung in drei schwierigen Schritten

In meiner candorschen Art der klaren Worte sage ich rund heraus:

Ja, die initiale Einrichtung von E-Mail Verschlüsselung ist schwierig.

Das ist Gehen und Laufen ebenfalls, aber auch das haben wir irgendwie gemeistert.

Schritt 1: Wir brauchen GPG.

GPG ist quasi der Standard für die Verschlüsselung von E-Mails - und das empfehle ich.

GPG - der GNU Privacy Guard[8] - ist eine Implementierung von OpenPGP, dem offenen kryptographischen Standard für verschlüsselte Kommunikation.

GPG gibt es für alle (gängigen) Betriebssysteme:

- Bei vielen Linux-Distributionen ist gpg bereits Bestandteil des Betriebssystems und muss daher noch nicht einmal händisch nachinstalliert werden.
- für macOS bietet GPGTools[9] die notwendigen Werkzeuge zum Verschlüsseln der elektronischen Kommunikation an.
- unter Windows stellt Gpg4win[10] den benötigten Funktionsumfang bereit.

Schritt 2: Wir erstellen uns ein Schlüsselpaar.

Wieso gleich ein Paar Schlüssel?

Reicht nicht erstmal einer?

Nein, reicht nicht.

Damit wir einfach, unaufwändig und sicher verschlüsselt kommunizieren können, brauchen wir zwei Schlüssel.

Klingt erst mal aufwändig, isses aber gar nicht.

Wozu brauchen wir jetzt aber zwei Schlüssel?

Wir brauchen einen privaten Schlüssel, mit dem wir unsere Nachrichten signieren können und mit dem wir Nachrichten, die verschlüsselt an uns geschickt wurden, entschlüsseln können.

Daneben brauchen wir einen öffentlichen Schlüssel.

Mit diesem können unsere Kommunikationspartner Nachrichten für uns verschlüsseln.

Überdies können sie damit überprüfen, ob eine Nachricht, die wir geschrieben haben, auch tatsächlich von uns kommt.

Die Mathematik hinter diesem Public-Key-Verfahren stellt sicher, dass dieses Schlüsselpaar - privater und öffentlicher Schlüssel - ausschließlich wechselseitig funktioniert.

Eine Nachricht, die mit dem privaten Schlüssel verschlüsselt wurde - wir sprechen hierbei vom signieren einer Nachricht - kann nur mit dem passenden öffentlichen Schlüssel entschlüsselt - in unserem Sprachgebrauch: verifiziert - werden.

Und eine Nachricht, die mit dem öffentlichen Schlüssel verschlüsselt wurde, kann einzig mit dem zugehörigen privaten Schlüssel entschlüsselt werden.

Ein weiterer Vorteil dieses Public-Key-Verfahrens besteht in dem einfachen und sicheren Schlüsselaustausch.

Denn dieser Moment stellt natürlich ein hohes Risiko bei verschlüsselter Kommunikation dar.

Würden wir mit nur einem Schlüssel arbeiten, könnte jeder, der diesen einen Schlüssel hat, alle unsere Nachrichten lesen. Blöd.

Im Public-Key-Verfahren mit dem Schlüsselpaar aus privatem und öffentlichem Schlüssel ist dieses Risiko nicht vorhanden.

Hier stellen wir unseren öffentlichen Schlüssel sogar für jeden leicht auffindbar auf Schlüsselservern zur Verfügung.

Denn mit unserem öffentlichen Schlüssel kann uns eben jeder eine verschlüsselte Nachricht schicken, oder prüfen, ob eine Nachricht wirklich von uns stammt.

Nur unseren privaten Schlüssel - den dürfen wir **niemals** aus unseren Händen geben.

Ansonsten isses ganz blöd. Aber sowas von.

Schritt 3: Wir müssen unsere E-Mail-Kontakte aufschlauen.

Ja, jetzt geht die Arbeit erst richtig los.

Und dabei kann euch leider keiner wirklich helfen.

Außer vielleicht, euch zu versichern, dass Verschlüsseln gut fürs Karma ist, die Laune nachhaltig hebt und alternativ auch den Klimawandel ausbremst.

Nee, wirklich, die ganze Public-Key-Verschlüsselungssache funktioniert eben nur, wenn beide Kommunikations-Partner mitmachen.

Is' ja auch klar, der Schreiber kann nur mit dem öffentlichen Schlüssel des Empfängers verschlüsseln.

Und schon sind zwei Verschlüsselungswillige an der Sache beteiligt.

Also, nehmt euch ein Herz, ein bissel Zeit und gute Argumente

- "Verschlüsselung ist ein Grundrecht.",
- "Krypto is sexy.",
- "Privatsphäre ist ein Grundstein der Demokratie."...

und macht euch und eure Kontakte zu Krypto-Kriegern!

Und jetzt?

Anfangen. Hinfallen. Aufstehen, Aluhut richten und weitermachen.

E-Mail-Verschlüsselung ist keine One-Stop-Sache.

Das ist Zen.

Tägliche Praxis mit Höhen und Tiefen.

Aber es lohnt sich. Sowas von.

Was wir bei E-Mails beachten sollten

TL;DR

- Hello, Hello! Eine E-Mail ist doch irgendwie ein Brief
- Wähle weise: Ein Betreff sagt etwas aus
- Ein Mann, ein Wort: Eine Mail - ein Thema
- Sicherheit ist nicht nur Krypto: Der Schlüssel auf der Fußmatte

Gutes, sicheres und rundherum taugliches e-mailen hängt sehr stark vom Inhalt und Aufbau einer E-Mail, die wir schreiben, ab.

Da ich hier den Einsatz von E-Mail als vorbildliches digitales Kommunikationsmittel fördern will, thematisiere ich auch dies.

Wir sind in unserer zunehmend informationsüberfluteten Zeit an so vielen Stellen von inhaltsleerer Kommunikation umspült (und damit meine ich nicht die abgrundtiefe philosophische Betrachtung über Sinn und Zweck von flächendeckender Videoüberwachung im ÖPNV als Maßnahme gegen weitere Ransomware nach dem dritten Club Mate), dass einige grundlegende Gedanken zu unserer E-Mail-Kommunikation helfen, uns vor dem Untergang in dieser Datenflut zu bewahren.

Eine E-Mail ist doch irgendwie ein Brief

Und ein Brief hat eine gewisse Form.

Eine Anrede stimmt den Empfänger bereits auf das kommende ein.

Wir brechen ja auch nicht wie ein Erdrutsch gleich mit den heikelsten Themen im persönlichen Gespräch über unsere Gesprächspartner herein.

Hier beginnen wir ja unsere Verbal-Lawine auch zumindest mit einem:

"Hallo Fremder, setz dich stabil hin, ich muss dich grad mal verbal mit den neuesten

*Dramen/Verschwörungstheorien/Wochenenderl
ebnissen überrollen."*

Wir haben Zeit, etwas zu schreiben; da wird uns diese Zeile mehr nicht um unsere Mittagspause bringen.
Wenn ich gerade bei der guten Form bin:
Ein Brief (oder eine Postkarte, Telegramm, Telefonat) endet mit einer zumindest höflichen, bestenfalls freundlichen Abschlussformel.
Wir stehen nicht einfach mitten im "direkten" Gespräch auf und machen uns Sang- und Klanglos aus dem Staub.
Warum sollte dies bei einer E-Mail anders sein?
Eine Mail ohne Schlussformel wirkt im günstigsten Fall wie ein plötzlicher Anfall von Unlust, meistens jedoch bleibt bei mir das schale Gefühl von generellem Desinteresse an diesem elektronischen Gedankenaustausch.
An dieser Stelle ist es sogar noch einfacher dem entgegenzuwirken als bei der Anrede:

- Wir können eine automatische Signatur verwenden!

Einmal eingerichtet - immer ein freundlicher Abschluss des elektronisch versendeten Gedankenguts.
Vielleicht sollten wir uns an dieser Stelle auf eine neutral-freundliche Formulierung festlegen, denn ich kann mir gut vorstellen, dass die nächste Mail an unser Finanzamt mit der Schlussformel:

"Tausend heiße Küsse, dein Spatzerl"

eine gänzliche andere Prüfung unserer Steuerunterlagen zur Folge hat ...

Ein Betreff sagt etwas aus

Re:Re:Aw:Re:Aw:Aw:Aw:Re:Re:Re:Mein Termin

Leider geht es in dieser Mail mit seiner aussagekräftigen Betreffzeile die
an die Warteschlange des neuesten Rollercoasters im Europapark
gemahnt (ab diesem Re: nur noch 23 weitere Re: bis zum Ende der
Betreffschlange) schon lange nicht mehr um einen Termin.
Aber beginnen wir am Anfang - oder hier eher am Ende.
Ein Betreff wie *"Mein Termin"* ist vom Inhalt her kein Betreff (sondern
allenfalls fantasielos).
Der Betreff einer E-Mail sollte den Inhalt dieser Nachricht in einer
kurzen Zeile zusammenfassen.
Es ist ein Zeichen von Respekt und Höflichkeit dem Addressaten
gegenüber, wenn wir schon im Betreff signalisieren, worum es in dieser
Nachricht überhaupt geht.
Aufgrund der hohen Geschwindigkeit - und dem Irrglauben, dass E-Mail
nichts kostet (Doch, es kostet. Jede Mail kostet Rechenzeit,
Speicherplatz, Strom, Zeit und Nerven.) hat die Menge an übertragener
Information gegenüber dem Snail-Mail-basierten Nachrichtenaustausch
wahnsinnig stark zugenommen.
Da ist es doch nur fair, wenn wir unseren Kommunikationspartnern ein
wenig entgegenkommen. Und eine faire Chance geben, schon am Betreff
zu erkennen, worum es geht (anstatt in jeder Mail den sinntragenden
Inhalt tief unter einem Berg von Zeichen (mit dem Informationsgehalt
eines digitalen Weißbrotes) zu verstecken).

Ich will nun zum Antwort-Schluckauf zurückkommen, den ich am
Anfang des Abschnittes angeführt habe.
Es ist einfach unleserlich, immer weitere, sich ständig wiederholende
Präfixe an eine laufende E-Mail-Konversation zu hängen (Ja, ich weiß,
wir hängen die nicht manuell dran - aber sind wir denn solche Sklaven
unserer Software, dass wir an sinnvollen Stellen nich manuell eingreifen

können?).

Unsere E-Mail-Programme ordnen zusammengehörige E-Mails sehr geschickt als solche an, dazu benötigen diese die wurmfortsatzartigen Präfixe nicht.

Für eine bessere Les- und Verfolgbarkeit von E-Mails hilft deutlich mehr, wenn wir den Betreff sinnvoll anpassen.

Ich verdeutliche dies mit einem Beispiel:

1. Betreff: Unser Termin am 24.05.2017
2. Betreff: Re: Unser Termin am 24.05.2017 - Neuer Terminvorschlag: 25.05.2017
3. Betreff: Aw: Neuer Terminvorschlag: 25.05.2017 - akzeptiert

Mit diesen einfachen Mitteln ersparen wir uns die Notwendigkeit, die Spaltenbreite unserer E-Mail-Clients bis ins Unendliche zu strapazieren - und erreichen überdies noch, dass wir uns der zunehmenden digital verordneten Lethargie im Bereich E-Mail-Kommunikation entziehen.

Eine Mail - ein Thema

Ebenfalls der zunehmenden Flut an Informationen geschuldet ist die Tatsache, dass zwei Drittel der Informationen einer E-Mail schlicht den virtuellen Bach runter gehen.

Wenn also mehr als ein Thema in einer E-Mail thematisiert wird, können wir davon ausgehen, dass die Themen zwei bis 85ff vollkommen für die Katz formuliert sind.

Darum meine Empfehlung:

- Nur ein Thema pro Mail behandeln.

Das macht die Kommunikation auch viel handlicher.

In wenigen Fällen ist eine E-Mail-Kommunikation mit einem Nachrichten-Ping-Pong abgewickelt.

Eher ist es

`Ping-Pong-Ping-Ping-Pong-Pong-Zwäng-Dong-Pong-Ping.`

Und da wird es dann mit mehr als einem Thema fies - da wird es ganz schnell unübersichtlich (wir stellen uns das jetzt mal so vor wie vulkanisches Schach):

`Ping-Pong-Ping1-Pong1-Pong2-Ping1a-Ding-Dong-Ding1-Pong1-Pong2-Pong3-Ping1b-Ping-Zwong-warumistjetztnochHerrMeiermitaufdemVerteiler`

...und wie gesagt, das ganze stellen wir uns nun in drei Dimensionen mit einer unendlichen Anzahl an möglichen Mitspielern vor...

Machen wir das ganze Spiel mit nur einem Thema, sieht das alles viel entspannter aus:

Ping-Pong-Ping-Pong-Pong

Der Schlüssel auf der Fußmatte

oder: Schicke niemals Zugangsdaten in einer Mail **gemeinsam** mit dem Passwort.

Es ist schon schrecklich genug, ein Passwort in einer unverschlüsselten Mail zu verschicken (Zur Erinnerung: E-Mail ist per se unverschlüsselt!). Aber noch schrecklicher wird es, wenn alle Zugangsdaten zu einem Dienst gemeinsam mit dem zugehörigen Passwort in einer E-Mail verschickt werden.

Das ist so, als würde ich meinen Wohnungsschlüssel nicht nur auf die Fußmatte vor meiner Wohnung legen, sondern auch gleich noch ein Schild daneben hängen:

> *"Bin nicht da, Schlüssel liegt auf der Fußmatte, bedien dich!"*

und das auch noch in alle verfügbaren lokalen Tageszeitungen auf dem Titelblatt annoncieren.

Das gleiche gilt (sogar auf einer höheren Ebene von "nicht-nachgedacht") für den Anwendungsfall eines verschlüsselten Dokuments, welches in derselben Mail mit dem Entschlüsselungspasswort verschickt wird. Das ist so blöd, da fehlt mir glatt das Real-World Beispiel. Kommt aber wirklich vor.

Nun ja, Albert Einstein hat es sehr treffend formuliert (wenn er es denn war[11]):

> *"Zwei Dinge sind unendlich: das Universum und die menschliche Dummheit. Aber beim Universum bin ich mir nicht ganz sicher."*

Zum Abschluss heute ein Handlungsaufruf:
Gehet hin und folgt meinen Hinweisen zum schönen mailen.
Ist gut fürs Karma.
Oder zumindest für leserliche Mails.

Wem kann ich trauen?

...und muss ich das überhaupt?

TL;DR

- Gute Gründe für Bezahldienste: Wem schenke ich meine Gunst?
- Zwei Dienste für ein Halleluja: Konkret jetzt - Empfehlung
- Ist das alles?: Was können wir noch tun?

Zum Abschluss meiner Reihe über die Vorzüge von E-Mail als digitales Kommunikationsmittel werfe ich heute unter dem Gesichtspunkt *"Wem kann ich trauen?"* einen Blick auf die Anbieter von E-Mail-Diensten.

Mein Hauptaugenmerk liegt dabei - berufsgemäß - auf Sicherheit und dem Schutz der Privatsphäre.

Denn digitale Selbstverteidigung beginnt schon bei der Auswahl des elektronischen Kuriers meiner digitalen Post.

Wem schenke ich meine Gunst?

Nicht nur meine Gunst verschenke ich bei der Auswahl meines E-Mail-Providers.

Sondern schlimmstenfalls meine Daten, bestenfalls nur mein Geld.

Allenfalls auch mein Vertrauen, denn schließlich ist dieser digitale Botendienst für die Übermittlung meiner elektronischen Post zuständig.

Und da soll ja möglichst wenig schief gehen.

Aber wie wähle ich denn nun einen passenden Dienstleister aus?

Grundlegend dampfe ich diese Auswahl auf drei Kriterien herunter:

1. Der Anbieter sollte in Deutschland beheimatet sein.
   Damit unterliegt er deutschen Datenschutzrecht.
   Und das ist immer noch eines der besseren.
   Darüber hinaus schützt sogar bereits das Grundgesetz in Artikel

10 unsere Briefkommunikation - worunter auch elektronische Post fällt (was jedoch einige Anbieter leidlich ignorieren).

Wir sollten bei unserer Auswahl eines Anbieters aus Deutschland auch explizit darauf achten, dass dieser seine Datenspeicher- und Rechnerkapazität ausschließlich aus Rechenzentren in Deutschland schöpft - das dient deutlich dem bereits erwähnten Datenschutzgedanken.

2. Der Anbieter betreibt keinen Datenhandel.

Das ist gewissermaßen der Super-GAU für die Privatsphäre: Mein elektronischer Briefbote wird zum Datenhändler!

Wenn wir uns das einmal vergegenwärtigen, wird uns gleich klar, dass dieses Verhalten ein No-Go ist.

Warum dann nur nehmen wir dieses Verhalten so bereitwillig und oft hin?

Denn das, was die "kostenlosen" Anbieter der verschiedenen Free-Mail-Varianten machen, ist schlicht und ergreifend genau das: Datenhandel.

Sie verkaufen unsere Daten.

Lassen wir die Empörung beiseite; schließlich leben wir alle in einer marktwirtschaftlich gesteuerten Gesellschaft.

Die Free-Mail Anbieter müssen schliesslich von irgendetwas leben.

Luft, Liebe und Ideale sind echt klasse, aber das wird nun aktuell noch nicht als gängige Währung beim Kauf von Speicher, Rechenleistung und Arbeitskraft akzeptiert.

Auch im Internet herrschen die marktwirtschaftlichen Gesetze.

"Nicht einmal der Tod ist umsonst. Der kostet das Leben."

Wenn wir jetzt allerdings einen Anbieter auswählen, der seine Dienstleistung ganz klar monetär beziffert, dann wissen wir, dass sich dieser seine Dienstleistung nicht durch den Verkauf unserer Daten finanziert. Wir können davon ausgehen, dass uns der Verkauf unserer Daten durch einen Datenhändler deutlich mehr kostet, als den geringen Betrag, den wir für einen kommerziellen Mail-Provider bezahlen.

3. Die Zahlung ist anonym möglich.

Das dritte wichtige Argument für einen empfehlenswerten Datendienstleister für unsere elektronische Kommunikation hängt mit dem praktischen Schutz unserer Privatsphäre zusammen.

Die Zahlung der gebuchten Dienstleistung sollte anonym möglich sein.

Damit ist auch gleich die Grundlage dafür geschaffen, dass das gesamte E-Mail Konto anonym betrieben werden kann.

Ein Anbieter hat mittlerweile auch etliche Möglichkeiten, eine Zahlung sicher anzunehmen, die nicht zurückverfolgt werden kann.

Entweder bezahlen wir bar - das bieten die meisten dieser empfehlenswerten Dienstleister an.

Oder wir überweisen den Betrag - in anonymisierter Form.

Wenn wir davor zurückschrecken, Bargeld zu verschicken, dann bieten einige Anbieter mittlerweile auch die Bezahlung per Bitcoin an - und helfen damit obendrein noch dabei, den Ruf der Kryptowährung als seriöses Zahlungsmittel zu stärken.

Behalten wir an dieser Stelle bitte die Nerven, bevor jetzt entrüstete Leser zetern, ich würde hier dem Terrorismus Vorschub leisten, weil ich anonyme Bezahlverfahren propagiere:

Die meisten Einkäufe im "echten Leben" werden auch heute noch mit Bargeld beglichen.

Sind wir dann jetzt alle Terroristen, wenn wir auf dem Wochenmarkt oder im Tante-Emma-Laden bar bezahlen?

Ich lass das mal so stehen.

Weitere Themen, die zusätzlich als positive Punkte für die Auswahl des passenden Providers herangezogen werden können, sind die Folgenden:

- Nachhaltigkeit:

  Der Dienstanbieter betreibt seine Server und die Heizung für seine fleißigen Mitarbeiter mit Strom aus regenerativen Stromquellen.

- Geheimnisvoll:

  Es wird ein durchgängiges Verschlüsselungskonzept angeboten. Zum einen natürlich die obligatorische Ende-zu-Ende Verschlüsselung und obendrein noch ein Konzept, um das gesamte Nutzerkonto (inklusive aller darin befindlichen Daten) zu verschlüsseln.

- Digital-schwäbisch:

  Es wird weitestgehend auf die Sammlung von Daten durch den Anbieter verzichtet.

  Es herrscht Datensparsamkeit. Also das klare Gegenteil dessen, was die Free-Mail Anbieter wie Gmail und Konsorten betreiben.

Konkret jetzt - Empfehlung

Dann lehne ich mich jetzt mal ein bissel aus dem Fenster, lege meine Hände für den einen oder anderen Anbieter ins Feuer und empfehle konkret zwei Anbieter:

- //Posteo.[12]

2. Abbildung: //Posteo.

Nutze ich selbst.

Hat alles, was ich im Zusammenhang mit einen guten Provider im letzten Abschnitt als lobenswert aufgezählt habe.

Die Buchung dieses Dienstes kostet den üppigen Betrag von 1 € pro Monat.

Auch die weiteren Punkte wie **Nachhaltigkeit**, ein **umfangreiches Verschlüsselungskonzept** und die hohe **Datensparsamkeit** wird von //Posteo. umgesetzt.

Als weiteres Goodie bietet Posteo auch eine Zwei-Faktor-Authentifizierung für die Anmeldung am Postfach an, was die Sicherheit nochmals erhöht.

Wer Wert auf Zertifikate legt, liegt bei Posteo ebenfalls richtig: Posteo hat als erster Anbieter die Zertifizierung "Sicherer E-Mail-Transport" des BSI erhalten.

- mailbox.org[13]

3. Abbildung: mailbox.org

Habe ich mir auch persönlich angeschaut.

Ich würde jetzt sagen: mailbox.org ist das gleiche wie Posteo in orange.

Nein, wirklich.

//Posteo. und mailbox.org nehmen sich an allen wichtigen Punkten, die ich erwähnt habe, nichts - auch im Preis sind beide identisch.

mailbox.org bietet darüber hinaus noch die Möglichkeit, Büroanwendungen online durchzuführen.

Beide E-Mail-Provider wurden von der Stiftung Warentest in der Ausgabe 10/2016 als einzige Anbieter mit der Note *"sehr gut"* ausgezeichnet (wie übrigens im Jahr zuvor auch schon).

Daher empfehle ich, die Entscheidung zwischen diesen Dienstleistern dem persönlichen Wohlgefallen, sei es die Farbe (grün oder orange), der Vorliebe der Top-Level-Domain (.de oder .org) oder einem Münzwurf (Kopf oder Zahl) zu überlassen - eine Fehlentscheidung zwischen diesen Anbietern kann nicht vorkommen.

Was können wir noch tun?

Nun, mit der Wahl eines ehrlichen Anbieters hat das Vertrauensverhältnis zur digitalen Post doch schon ein stabiles Fundament erhalten.

Wenn wir uns nun darauf aufbauend an meine bisherigen Empfehlungen zum Thema E-Mail halten, als da wären:

- Verschlüsselung unserer Kommunikation mittels OpenPGP
- Klar strukturierte und saubere E-Mails mit ordentlichem Betreff, freundlicher Anrede, **einem** klaren Thema und einer höflichen Abschlussformel

dann kann eigentlich nix mehr schief gehen.

Wenn wir noch eine Schippe drauflegen wollen, können wir beginnen, E-Mails von Überwachungsmonstern wie Google zu boykottieren.

Denn Google liest nicht nur die Mails von Inhabern eines Gmail-Kontos - nein, sie lesen natürlich auch die Antworten von E-Mail-Schreibern, die gar kein Gmail-Konto haben.

Damit verstoßen sie einfach eklatant gegen unser Recht auf Unverletztlichkeit unserer Brief- und Fernmeldekommunikation.

Wir sollten uns nochmals klar vor Augen führen:

Jeder Provider, der in den USA beheimatet ist, unterliegt dem PATRIOT Act[14] und muss von daher den amerikanischen Behörden Zugriff auf alle Daten gewähren.

Und wenn die Politik an dieser Stelle Google und anderen amerikanischen Anbietern (und Behörden) dafür nicht die rote Karte zeigt, dann sollten wir das in unsere eigenen Hände nehmen.

So, jetzt aber - auf zu posteo.de oder mailbox.org und ein neues E-Mail-Postfach angelegt!

Surfen ohne Sorgen

Was kann mir schon passieren beim Surfen?

TL;DR

- Was kann schon geschehen: He-hoo, Eisberge und Piraten - welche Risiken uns erwarten
- Wahrschau: Hic sunt dracones
- Verhaltensweislich: Gefährlich ist's, den Leu zu wecken

Heute beginne ich einen neuen Themenblock:
Surfen ohne Sorgen.

Schließlich ist das mehr oder weniger ergebnisoffene Herumtollen im Internet noch einer der beliebtesten digitalen Zeitvertreibe unserer inhaltsleeren Zeit.

Es ist quasi das auf-einer-Parkbank-herumgammeln der frühen 1930er und späten 1980er Jahre unserer christlichen Zeitrechnung.

Und das wollen wir uns ja schließlich nicht kaputt machen lassen, oder?

Daher betrachte ich in diesem Themenblock die Risiken, denen wir beim sorglosen Herumtollen in den wilden Weiten des ungezähmten Internets ausgesetzt sind.

Im zweiten Teil der Reihe mache ich mir Gedanken über das Surfbrett, mit dem wir unsere virtuellen Ausritte bestreiten: den Browser.

Anschließend daran sammle ich gute Ideen und Best Practices was wir tun - und auch was wir bestenfalls lassen - sollten, wenn wir uns im digitalen Datenmeer sorgenfrei bewegen wollen.

Abschließen werde ich die Reihe mit weiteren Gedanken, was wir obenrein tun können, um nicht in die Fangarme von Datenkraken oder zwischen die Kiefer von Manipulationsmegalodons zu schwimmen.

So denn, Landratten und Leichtmatrosen, beginnen wir unsere Überfahrt: Dreizehn Kerle auf dem Totensarg und 'ne Buddel voll Rum!

He-hoo, Eisberge und Piraten - welche Risiken uns erwarten

Nepper, Schlepper, Bauernfänger - nur anders eben.
So könnte man die Risiko-Bereiche im "digitalen Ozean" Internet zusammenfassen.
Neu dabei ist jedoch sowohl Quantität als auch Qualität der Gefahren, die hier auf uns lauern.
Eisberge und Piraten haben den Charme, dass sie sich als solche ankündigen - also Eisberge mit gehisster Piratenflagge und Piraten mit Eiszapfen etwa.
Nein, so nicht ganz, aber so ähnlich.

Eisberge tauchen nicht ganz unvermittelt auf - die Wahrscheinlichkeit, einem Eisberg beim gemütlichen Segeltörn durch die Karibik über den Seeweg zu schwimmen, ist eher gering.
Und auch sonst tauchen Eisberge nicht gänzlich unvermittelt auf - es sei denn, man rast halt gerade mit bugbrecherischer Geschwindigkeit dem Cordon Bleu entgegen und missachtet sämtliche Warnhinweise.

Piraten - sind es ordentliche ehrbare Piraten, so mit Augenklappe, Hakenhand und Holzbein - kündigen sich immerhin mit gehisstem Jolly Roger an.

Aber heuer im digitalen Ozean?
Keine Warnung.
Keine Eisschollen vor dem virtuellen auf-Grund-laufen gegen den nächsten Malware-Eisberg als Vorwarnung.
Keine Piratenflagge, die gehisst wird, bevor die Datenpiraten unsere Identität rauben.
Wir sind beim surfen in offenem Gewässer - und die Gefahren, die uns

hier drohen, können uns überall drohen.

Es gibt leider überhaupt keine geographischen Grenzen der Bedrohungen - wie in der Seefahrt - wo wir gewisse Gefahren klar abgegrenzten Gebieten zuordnen können.

Dies liegt unter anderem auch darin begründet, dass wir jeden Ort im virtuellen Ozean als Einstiegspunkt für unseren Surfausflug nehmen können.

Das wäre so, als würden wir ansatzlos unsere Kreuzfahrt im Bermudadreieck beginnen, anstatt uns erst in Wilhelmshaven einzuschiffen.

Aber welchen Gefahren sehen wir uns jetzt tatsächlich ausgesetzt?

- **Verfolgung / Überwachung**

  Unser Surfverhalten wird verfolgt - und wir werden auf jedem virtuellen Schritt und jedem digitalen Tritt überwacht.

  Alles was wir tun wird gespeichert - und im Zweifel gegen uns verwendet.

  Jede unserer Bewegungen wird aufgezeichnet.

- **Profilbildung**

  Aus den Daten, die wir - mehr oder weniger freiwillig - liefern, wird ein Profil von uns erzeugt.

  Wir werden in eine Schachtel gepresst.

  Wir werden gemessen.

  Wir werden gewogen.

  Und dann werden wir gesteuert.

- **Manipulation**

  Das ist das Ergebnis der ungeheuerlichen Datensammlung, der wir überall ausgesetzt sind.

  Wir werden manipuliert.

  Wir werden unserer freien Meinung beraubt - und unsere Entscheidungen werden beeinflusst.

Die Profile dienen dazu, uns Dinge anzubieten, die wir nicht brauchen - aufgrund der gesammelten Daten und der daraus erstellten Profile.

Wir werden in eine Echokammer gesperrt, die uns die Realität nur noch als Zerrspiegel unserer vermeintlichen Interessen darstellt.

- **Diebstahl**

  Wir werden beraubt - unsere Daten werden gestohlen - und wenn wir nicht aufmerksam sind, wird sogar unsere ganze Identität "geklaut".

  Wenn es ganz blöd läuft - auch unsere echte (nicht nur die virtuelle).

- **Erpressung**

  Wir werden erpressbar.

  Entweder durch die Daten, die wir veröffentlichen ("Oh, du willst doch nicht, dass dieses Bild, diese Meinungsäußerung von dir in die falschen Hände gerät.") oder mit den Daten, die wir gesammelt haben. An die wir jetzt plötzlich nicht mehr herankommen, weil sie verschlüsselt wurden.

- **Schanghaien unserer Rechenleistung**, um Spam zu verteilen oder Kryptowährung zu schürfen.

  Unser Computer kann gekapert werden und zu einem Zombierechner in einem Botnet geknechtet werden.

  Damit kann Spam verteilt werden oder die Rechenleistung zum Schürfen einer Kryptowährung ausgenutzt werden.

Hic sunt dracones

...und noch Schlimmeres.

Wer sind nun in unsere Gegenspieler in diesen ungewissen Gewässern? Waren es in der Seefahrt noch klar abgegrenzte Gefahren - Piraten, Eisberge, Seemonster, Scylla und Charybdis - so verwischt heuer die klare Unterscheidung; und die Attribuierung der Angreifer ist schwierig bis unmöglich.

Aber es mal auf die Russen oder mal auf die Nordkoreaner zu schieben, gehört wohl zur Zeit in unserem westlichen Kulturkreis zum politisch-gesellschaftlich verordnetem Katechismus.

Schade, denn unreflektiertes Fingerpointing hat - so ist meine Erfahrung - von jeher mehr Schaden angerichtet als genutzt.

Jetzt aber, Butter bei die Fische.

- **Skriptkiddies**

  Das verheerende an der digitalsurfenden Situation ist, dass es nahezu keiner Ausbildung bedarf, um der dunklen Seite der Macht beizutreten.

  Keine dreijährige Piratenausbildung, keine Monster-Uni und keine Eisberg-Ecole muss absolviert oder besucht werden.

  Nein, jeder minderbemittelte mit ausreichend krimineller Energie (oder zu viel Dummfug im Hirn) und einem Internetzugang ausgestattete Möchtegern-Dread-Pirate-Roberts kann ohne große Ahnung (und mit noch weniger Gewissen) richtig großen Schaden anrichten.

- (Cyber)-**Kriminelle**

  Steigen die Fähigkeiten - und steigt die kriminelle Energie - so lockt die Dunkle Seite der Macht noch stärker.

  Was bisher "nur" Spielerei war, kann nun auch gezielt für die eigenen (und zum Schaden unserer) Zwecke eingesetzt werden.

Mit steigenden Fähigkeiten steigt leider auch die Gefahr - und der Schaden.

- **Internetkonzerne**

  Entscheidet sich der aufstrebende Digitalbegeisterte gegen die Dunkle Seite ... landet er nicht zwangsläufig auf der Lichten Seite der Macht - sondern vielleicht auch in einem Gewissenslimbo: einem Internetkonzern.

  Hier liegt vielleicht nicht unbedingt der Schwerpunkt auf Datenhandel und Manipulation - aber hey, wenn wir schon da sind (und uns die Daten einfach so zufließen), warum dann nicht? Ist doch alles nur für das Wohl unserer Kunden!

- **Datenhändler**

  Nja, und schon bewegen wir uns aus dem moralischen Fegefeuer hinaus ... Richtung Datenhölle.

  Datenhändler - ich finde, es ist durchaus legitim sie in einer Reihe mit Waffen- und Sklavenhändlern zu nennen.

  Aber sie sammeln die Daten doch nur - liefern tun wir sie doch selbst.

  Das ist die gleiche Apologetik, mit der Waffenlobbyisten arbeiten: Nicht Waffen töten Menschen - Menschen töten Menschen.

  Genau, nicht wir Datenhändler ruinieren unsere Zukunft, sondern wir Datenlieferanten tun dies selbst.

  Zweifelhaft.

- **Staatliche Akteure**

  Endlich, endlich kann ich das Unwort vom *"staatlichen Akteur"* pro meine Sichtweise einsetzen!

  Regierungen, Polizei, Geheimdienste - sie alle sind weitere Risiken, mit denen wir uns im virtuellen Ozean auseinandersetzen müssen.

  Hier fällt die Argumentation der Internetkonzerne noch krasser aus:

Nicht für das Kundenwohl sondern für das *"Greater Good"* werden wir überwacht, verfolgt und in Profile eingeteilt. Was deren Handlungsweise noch deutlich gefährlicher macht als dies bei allen bisher genannten Risikoquellen der Fall ist, ist die Tatsache, dass dort eine gewisse Ahnungslosigkeit herrscht. Hinsichtlich der Technologie, die hinter all der wunderbaren Welt des Digitalen steckt. Wie das alles überhaupt funktioniert. Und dass Lobbyismus so verdammt viel mehr Gewicht hat. Anstatt mal jemanden zu fragen, der Ahnung von der Materie hat...

Und diese verdammte Mischung aus Ignoranz, Unwissen und Borniertheit ist brennend gefährlich.

Gefährlich ist's, den Leu zu wecken

Nee, ehrlich mal, was ist denn jetzt riskantes Verhalten?

Nachdem ich jetzt so ausschweifend über die Risiken und unsere Gegenspieler im virtuellen Weltmeer schwadroniert habe, jetzt noch einige Gedanken, was uns denn gefährdet.

- **Sorglosigkeit**

  Sorgen helfen uns nicht.

  Sorglosigkeit hingegen kann uns schaden.

  Da wir nun wissen, was und wer uns schaden kann, sind wir schon nicht mehr so sorglos virtuell unterwegs.

  Wir kennen die Risiken - dadurch sind wir bewusster.

  Wir sind der Cäptn unserer virtuellen Seereise, wir müssen uns auskennen, wir sind für uns und unsere Crew verantwortlich.

- **Ungepatchte Systeme**

  Ja, wir starten unsere Kreuzfahrt doch auch nicht in einem Schiff, das dreizehn Lecks hat - und das letzte Mal vor sieben Jahren gewartet wurde.

  Genau so verhält es sich mit unserem digitalen Surfbrett, unserem

Browser.

Aktuell halten, regelmäßig warten und pflegen.

- **Achtlosigkeit**

  Acht geben - Wacht halten

  "Vigila pretium libertatis"[15] - Wachsamkeit ist der Preis der Freiheit.

  Das gilt für die Seefahrt - auch hier wird regelmäßig Wacht gehalten, dies können wir auch für unser Surfverhalten als Grundregel anwenden.

  Wir sehen die Untiefen nicht so genau, daher sollten wir im virtuellen Ozean einfach deutlich aufmerksamer sein.

  Es sind hier sehr viel mehr Drachen, Freibeuter und Seeungeheuer unterwegs als in der realen Seefahrt.

  Daher mein dringender Rat:

  Wachsam sein!

Aber keine Angst, aufstrebender Seefahrer, es gibt Rettung - das digitale Meer besteht nicht nur aus Riffen, Klippen, Seeräubern und Strudeln.

Es gibt auch idyllische Inseln, Meerjungfrauen und seetüchtige Schiffe - und es gibt Navigatoren und Lotsen.

Zusammen schaffen wir es unbeschadet durch die Stürme zu den tropischen Breiten.

Welchen Browser soll ich wählen?

TL;DR

- warum nur einen, wenn ich alle haben kann: Drei Browser für ein Hallelujah
- Das Hohe Lied auf Open Source: Warum denn nur den Firefox?
- Mobil ist das neue Default: Und was mach ich unterwegs?
- Du bist verantwortlich für deine Taten: Vigilance is the price of freedom
- So, alles getan: Was noch?

Das grundlegende Werkzeug um sicher surfen zu können, ist der Browser. Ich bleibe bei der nautischen Analogie - die bietet sich ja geradezu für das Thema surfen an.

Genauso wie wir bei unserem Strandurlaub überlegen können, ober wir schwimmen wollen - wahlweise mit oder ohne Schwimmflügel.

Oder ob wir ein Gummiboot (mit Rudern oder lieber mit Außenbordmotor) nehmen wollen.

Oder halt ein Surfboard (aber ohje, welche Marke bloß?).

Schon diese Auswahl hat großen Einfluß auf unser Seevergnügen (und sicher auch auf unser Sehvermögen - haha).

- Das eine ist schneller - aber nicht ganz so komfortabel.
- Bei dem anderen haben wir mehr Kontrolle - aber nicht so die Reichweite.
- Und das dritte ist gemütlich - aber eben nicht so schnell.

Nun ja, wir werden wohl nie die eierlegende Wollmilchsau bekommen - meiner Meinung nach ist das auch besser so:

Wir sehen ja, welchen Unfug Menschen mit SmartX-Dingen anstellen - und die kommen halt ganz schön nah ran an die arme Wollmilchsau.

Also überlegen wir uns am besten erst einmal, was wir denn brauchen.

Und bleiben wir locker:
Wir müssen uns ja nicht auf **ein** Ding festlegen!

Drei Browser für ein Hallelujah

Ja, warum denn *nur* das Surfboard an den Strand mitnehmen?
Warum nicht *auch* das Ruderboot und das Tarnkappenschiff[16]?
Es ist ja nicht so, als müssten wir dies alles immer mit uns
herum"schleppen".

Ist ja nur eine Analogie - und in der echten virtuellen Welt ist alles nur
Software.
Für welchen Browser wir uns entscheiden ist einerseits keine
Entscheidung für die Ewigkeit - Neues auszuprobieren hält uns geistig
rege (nur zur Erinnerung:
Hier plädiere ich dafür.)
Und wir haben - gerade in softwarebasierten Systemen - die Möglichkeit,
mehreres parallel zu betreiben.
Denken wir nicht eingleisig - denken wir multidimensional!
Wenn wir mehrere spezialisierte Anwendungen für unsere
unterschiedlichen Anforderungen einsetzen, können wir jede einzelne
dieser Anforderungen besser erfüllen, als wenn wir für alle Szenarien nur
eine einzige Anwendung nutzen würden.
Darum ist es sinnvoll, für reine Recherche-Tätigkeiten den Tor Browser[17]
zu nutzen.
Damit bekommen wir schon ganz automatisch neutrale Ergebnisse und
sind aufgrund des Schwarmverhaltens des Tor Netzwerkes ausreichend
anonym unterwegs.
Dadurch - und wenn wir uns an die Verhaltensregeln[18] für die Arbeit mit
dem Tor Browser halten - sind wir vor Profilbildung, Tracking und
Manipulation umfangreich geschützt.
Ganz so, als würden wir in unserer schicken Stealth-Korvette durch die
Nordsee kreuzen.

Unser gemütliches Ruderboot für die Brot-und-Butter-Angeltour im virtuellen Weltmeer soll uns der Firefox[19] sein.

Diesen statten wir noch mit einem krassen Außenborder, einer Nebelwurfanlage und einem Becherhalter aus.

Also, analog gesprochen eben.

Wir rüsten unseren Firefox noch mit den folgenen Add-ons aus:

- Noscript[20]

  Schützt uns vor ekliger Malware, nervenden aktiven Inhalten oder beidem.

- HTTPS Everywhere[21]

  Sorgt dafür, dass grundsätzlich jede Verbindung, die wir aufbauen, über HTTPS verschlüsselt aufgebaut wird.

- uBlock Origin[22]

  Blendet nervige Werbung aus - und schützt uns dadurch auch vor ekliger Malware

- Cookie AutoDelete[23]

  Bändigt Cookies - meistens auch eklig und klebrig.

...den Becherhalter montieren wir obenrein.

Und für den Fall, dass mal gar nix geht, also der Außenborder ausgefallen ist, die Fische nicht beißen und wir auch sonst in keinen Hafen eingelassen werden:

Dann nehmen wir uns noch einen ganz unmodifizierten Browser.

Vielleicht einen Vivaldi[24] oder vielleicht mal einen Lynx[25] - oder einen Safari, wenn wir grad unter macOS unterwegs sind.

Hauptsache keinen Internet Explorer oder einen Edge.

Diesen Fall-Back Browser brauchen wir nur, wenn die beiden anderen gar keine Alternative sind.

Es gibt leider immer noch ein paar Anbieter, die sich beharrlich weigern, zu funktionieren, wenn man Adblocker und ähnliches schützendes Browser-Bollwerk installiert hat.

Warum denn nur den Firefox?

Wieso singe ich hier das Hohe Lied auf den Firefox als Standard-Browser?

Nun, zunächst einmal singe das Hohe Lied auf den Firefox nicht **nur** in seiner Funktion als Standard-Browser:

Auch der Tor Browser basiert auf dem Firefox von Mozilla.

Und der Tor Browser nutzt den Firefox als Basis aus dem selben Grund, aus dem ich das Hohe Lied auf diesen Browser singe:

Der Firefox ist Open Source.

Da ich Open Source als absolut notwendige Grundlage für sicherheitskritische Software ansehe, trifft dies eben auch auf den Browser zu.

Mittels unseres Browsers werden etliche Anwendungen ausgeführt, die absolut sicher und vertraulich verlaufen sollten:

- Bankgeschäfte
- Online-Käufe
- vertrauliche Informationsbeschaffung

Dies alles sind Vorgänge, die unbedingt ohne die geheime Teilnahme von dritten - wie z.B. Geheimdiensten - stattfinden sollen.

Und was schützt uns vor der Nutzung von willentlich eingerichteten Hintertüren?

Open Source.

Zugegeben, die meisten Hintertüren entstehen durch unwillentlich eingebaute Fehler - aber auch die werden bei einem Open Source Projekt wie Firefox schneller gefunden und korrigiert als bei einer Anwendung aus dem Closed Source Bereich.

Und was mach ich unterwegs?

Ich bin ja net auf der Mehlsupp' dahergeschwommen, daher ist mir mittlerweile klar, dass mobiles Surfen eine der meistgenutzten - wenngleich unedelsten - Anwendungen eines SmartX-Geräts ist.
Daher gebe ich auch eine Empfehlung in dieser Richtung ab - zumindest für Android.
Da hier das Softwarefeld noch deutlich fragmentierter ist als auf dem klassischen Desktop, wird eine Empfehlung deutlich schwieriger.

Grundsätzlich gilt natürlich auch hier, was ich für den Desktop empfehle: Mehrere Browser für unterschiedliche Anwendungsfälle.
Als Entsprechung des Tor Browsers bietet sich unter Android der Orfox[26] an.
Dieser basiert auf dem mobilen Firefox und nutzt über Orbot[27] auch das Tor-Netzwerk.
Als Standard-Browser bietet sich dann entsprechend der Firefox an.
Diesen besorgen wir uns aus F-Droid - dem App-Store für freie Software - mittels des FFUpdaters[28].
Über den FFUpdater bekommen wir immer automatisch die aktuellste Version des Firefox geliefert.
Hier können wir auch die oben genannten Add-ons installieren, um den Schutz unserer Privatsphäre zu erhöhen und unerwünschte, nervige Werbung zu reduzieren.
Als Fall-Back Variante können wir dann jeden Browser nutzen, der im Standardpaket der installierten Android-Version mitgeliefert wird.
Das ist gut genug.

Vigilance is the price of freedom

Wieder passt das Zitat von John Philpot Curran, welches er in Hinblick auf freie Wahlen gemünzt hat.

Dennoch passt es auch auf die weitere sichere Nutzung von Browsern.

Wir müssen wachsam sein und unsere Browser aktuell halten.

Egal ob wir einen, zwei, fünf oder zehn nutzen.

Wenn ein Update für den (oder die) Browser unserer Wahl zur Verfügung steht, dann installieren wir es.

Sofort.

Nicht nach dem nächsten Level *Bubble Witch Saga*, nicht nach dem nächsten Katzenvideo, nicht nach dem nächsten Kaffee.

Sofort.

Eine Sicherheitslücke, die bekannt wird, wird ausgenutzt.

Bereits seit gestern.

Wenn wir etwas in unser Leben aufnehmen, dann haben wir auch die Pflicht und Schuldigkeit, uns darum zu kümmern und es zu pflegen.

Dabei ist es egal, ob es eine Topfpflanze, ein Pferd, ein Lebensgefährte oder eben ein Stück Software ist.

Wenn wir es nutzen, dann sind wir verantwortlich dafür.

Ganz einfach.

Was noch?

Kein Flash.

Wieder ganz einfach.

Flash ist so eine ranzige Technologie, die kann man gar nicht so schnell patchen, wie dort Sicherheitslücken auftauchen, die natürlich auch gleich ausgenutzt werden.

Es gibt auch keinen wirklichen Grund, Flash zu nutzen.

HTML5 bietet mittlerweile technisch ausgereiftere Möglichkeiten, um die Funktionalitäten von Flash viel besser und sicherer abzubilden.

Und indem wir die zwei oder drei flash-basierten Angebote, die wir *unbedingt* benötigen, konsequent boykottieren, bringen wir die Anbieter dieser Seiten auch noch dazu, auf eine zeitgemäße Technologie umzusteigen.

Und jetzt, ab an den Strand.

Mit Schwimmflügeln, Ruderboot und Tarnkappen-Korvette in die virtuelle See stechen, ahoi.

Worauf sollte ich achten?

TL;DR

- Ab in die Werft: Unser Browser - hochseetauglich
- Ein Browser ist kein Supertanker: Nicht überfrachten - sonst sinken wir
- Lass den Schwaben in dir raus: Spare in der Zeit
- Verhaltensmäßig gut: Unser Tun entscheidet - nicht die Technik

Nachdem wir jetzt unsere Flotte zum Surfen im digitalen Weltmeer zusammengestellt haben, heißt es nun, die Ausrüstung zu überprüfen und zu verbessern.

Darum wollen wir uns heute mit den Details der zusätzlichen Ausrüstung unserer Browser beschäftigen, den Add-ons, die uns das Leben auf hoher digitaler See erleichtern - oder sogar das Überleben im virtuellen Ozean erst ermöglichen.

Unser Browser - hochseetauglich

Damit wir, auch wenn wir nicht mit unserer Tarnkappen-Fregatte unterwegs sind, möglichst sicher durch die unsicheren Gewässer des digitalen Ozeans schippern können, sollten wir unseren Brot-und-Butter-Browser (den Firefox) noch hochseetauglich machen.

Also raus mit dem Teer und die undichten Stellen kalfatern!

Oder so ähnlich...

Verlassen wir uns lieber auf die Möglichkeiten der Software und erweitern die defensiven Maßnahmen unseres Browsers durch einige (wenige!) Add-ons.

Kümmern wir uns zunächst um unsere Cookies.

Wenn wir nichts *da*gegen tun, werden wir getracked, manipuliert und in

Profile-Schachteln gepresst, bis wir kein Quäntchen Privatsphäre und keine Freiheit mehr haben.

Daher: Fresst digitalen Staub, elende Cookies!

Verschwindet! Explodiert am besten!

Gute Idee - daher nutzen wir Cookie AutoDelete.

Dieses Add-on kümmert sich in der Standardeinstellung ganz selbsttätig um die kleinen anhänglichen Datenbrocken.

Sobald wir einen Browser-Tab schließen, werden alle damit zusammenhängenden Cookies gelöscht.

Das funktioniert wie in jedem Teil von *Mission: Impossible,* nachdem Ethan Hunt den nächsten unmöglichen Auftrag erhalten hat:

Tab schließen, 10-9-8-7-6-5-4-3-2-1-puff.

Die nächste Stufe der sicherheitstechnischen Aufrüstung unserer Kraweel ist das Add-on HTTPS Everywhere.

Dieses Add-on der *Electronic Frontier Foundation (EFF)*[29], einer Organisation für den Schutz der Privatsphäre im Internet, stellt sicher, dass möglichst jede Kommunikation im Internet über unseren Browser verschlüsselt durchgeführt wird.

Dadurch erhöhen wir wesentlich die Sicherheit unserer Online-Aktivitäten.

Als weiteres Mittel der Förderung der Seetüchtigkeit unserer digitalen Dschunke ist der Schutz vor unerwünschter Werbung.

Wir stellen uns einmal vor, wir müssten uns bei unserem Segeltörn alle naslang die vermeintlich für uns interessantesten Wellen anschauen - und auch durchsegeln.

Das würde unser gewähltes Segelvergnügen deutlich trüben.

Wollten wir doch lieber bei ruhiger See dahindümpeln.

Statt dessen werden wir von einer "relevanten" Welle zur nächsten geschubst.

Da wird uns von dem ganzen ungewollten Geschaukel erstmal schlecht -

und zweitens kommen wir wegen der ganzen Ablenkung niemals dort an, wo wir eigentlich hinwollten.

Dagegen hilft uns ein Add-on wie uBlock Origin oder AdNauseam[30].

Da AdNauseam die Funktionalität von uBlock Origin beinhaltet und es sowieso von der Wortbedeutung so wundervoll in meine nautische Analogie passt, bleibe ich bei meiner Empfehlung dabei.

Also: bis zur Seekrankheit.

Jedoch diesmal nicht zu unserer, sondern der unserer Antagonisten - der Manipulatoren und Werbeverbrecher.

AdNauseam blockiert im ersten Schritt die unerwünschte Werbung auf den Webseiten, die wir besuchen.

Dies hat gleich drei Vorteile für uns:

1. Wir sind geschützt vor Manipulation durch Werbung die angeblich "relevant" für unsere Interessen ist.
   Nun, ich behaupte, dass diese Relevanz eher auf Seiten der Werbeanbieter liegt.

2. Wir sind geschützt vor Schadsoftware, die sich gerne der aktiven und dynamischen Formate bedient, auf denen personalisierte Werbung auf Webseiten aufbaut.
   Wenn keine Werbefläche auf der besuchten Seite vorhanden ist, bedeutet dies für uns, dass keine Gefahr von Malware auf dieser Seite droht.
   Denn wo nichts Aktives angezeigt wird da kann auch nichts Aktives ausgeführt werden.
   Is' klar, ne?

3. Wir kommen einfach schneller durchs Netz.
   Da diese aktiv gestalteten personalisierten Inhalte immer dynamisch erzeugt werden müssen, bedeutet dies auch eine Geschwindigkeitseinbuße beim Surfen.
   Denn all dieser aktive und unerwünschte Werbemüll muss erstmal nachgeladen werden.

Wenn jetzt allerdings gar nix nachgeladen werden muss, weil es schlicht blockiert wird, wird unser gewolltes Surfen schneller. Auch verstanden, oder?

Die hohe Schule des sicheren Surfens.

Um uns jetzt wirklich für schwere Wetter zu rüsten und quasi den Schritt vom Seepferdchen zum Rettungsschwimmer in Bronze zu gehen, sollten wir noch ein weiteres Add-on installieren: Noscript.

Noscript ist ungefähr der Eisbrecher unter den gepanzerten Schiffen, das Minenräumboot, der großer Aufräumer.

Danach sieht das Internet nicht mehr so aus, wie wir es erwartet haben...

Tja, das ist auch leider der klitzekleine Nachteil an dieser wirklich essenziellen Erweiterung für den Firefox.

Noscript blendet standardmäßig **alle** aktiven Inhalte einer besuchten Website aus.

Das schützt uns umfänglich vor allen Bedrohungen, die sich technisch hinter aktiven Inhalten verstecken.

Das ist das Gute.

Die Schwierigkeit lauert eben auch darin:

Wir müssen alles, was wir an aktiven Inhalten wollen oder brauchen, manuell aktivieren.

Was wieder das Gute daran ist.

Wir müssen **überlegen**, was wir wirklich an aktiven Inhalten brauchen.

Diese überlegte Handeln macht uns zu überlegenen Surfern.

Wir haben es im Griff, was wir sehen wollen - und was wir *wirklich- wirklich* (Hallo Veit[31]!) hier auf dieser Seite brauchen.

Es bedarf ein wenig Übung, mit Noscript und der neuen Leere im Internet zurechtzukommen, aber es lohnt sich!

Zum einen ist andauerndes Lernen[32] sowieso von unschätzbarem Vorteil.

Zum anderen schützt es uns einfach vor unachtsamem In-die-digitale-Falle-tappen.

Nicht überfrachten - sonst sinken wir

Diese Add-ons sind die notwendige zusätzliche Grundausstattung unserer virtuellen Seereise.

Es gibt für den Firefox allerdings noch zahlreiche weitere Add-ons - mehr oder minder sinnvoll oder hilfreich.

Ein Wort zur Warnung an dieser Stelle.
Eine grundlegende Überlegung bei der Arbeit mit Software - ach, überhaupt im Leben! - ist die Frage:

Brauche ich das?

Wir sind schneller, flexibler und gelassener, wenn wir mit weniger Gepäck reisen.

Das trifft für Software in ganz besonderem Maße zu, da wir uns mit jeder zusätzlichen Software auch ein Stück zusätzliche Angriffsfläche in den Rechner holen.

Jede Software hat Fehler und jede Lücke kann (und wird!) für Angriffe auf unsere Privatsphäre und damit auf unsere Freiheit ausgenutzt werden.

Deswegen sollten wir bei jeder zusätzlichen Software, auch wenn es sich *nur* um ein Add-on für den Firefox handelt, überlegen, ob wir das wirklich brauchen.

Je weniger, desto besser.

Ich wiederhole mich hier bewusst, weil es einfach so eine wichtige Lektion ist.

Spare in der Zeit

...nene, in der Not brauchen wir unsere Daten nicht unbedingt.

Aber wenn wir mit unseren Daten sparsam umgehen, können diese - nicht veröffentlichten - Daten uns nicht gestohlen oder gegen uns verwendet werden.

Datensparsamkeit ist schlicht eines der effektivsten Mittel, die wir zum Schutz unserer Privatsphäre haben.

Um ehrlich zu sein:

Es ist so einfach, etwas *nicht* herzugeben.

Lassen wir an dieser Datenstelle doch mal den Schwaben in uns das Zepter in die Hand nehmen - und geben wir einfach mal *nicht* alles über uns preis.

Unser Tun entscheidet - nicht die Technik

Die erste Verteidigungslinie unserer Freiheit ist unser Verhalten - nicht die Technik, mit der wir im digitalen Ozean unterwegs sind.

Wenn ein Seemann nicht weiß, wie er sich zu verhalten hat bei Sturm oder rauer See, dann wird er darin umkommen, egal wie technisch hochgerüstet sein Schiff auch sein mag.

Genauso ergeht es auch uns im virtuellen Weltmeer.

Wir müssen, noch vor den Schutztechnologien, die wir jetzt kennengelernt haben, lernen, wie wir uns verhalten müssen.

Und dazu gehörern zwei wesentliche Grundsätze

- Erst denken, dann klicken

  Wir klicken nicht auf jeden Link, der uns vor den Mauszeiger springt.

  Wir prüfen diesen, schließlich hat der Browserentwickler für diesen Fall die Anzeige der URL eingebaut.

  Und wenn diese halt nicht zu dem passt, was wir erwarten, oder wenn diese irgendwie nicht ganz koscher wirkt, dann klicken wir nicht auf diesen Link.

Eine gute Maßnahme an dieser Stelle ist es, die URL händisch in die Addresszeile einzugeben.

Dann wissen wir, wo wir hinkommen.

- Erst denken, dann posten

  Bevor wir unseren Senf zu etwas abgeben - sei es berechtigt oder nicht - sollten wir wirklich überlegen, ob wir in fünfzig Jahren noch dazu stehen, was wir sagen wollen.

  Wir haben möglicherweise in zwei Tagen bereits vergessen, was wir geistreiches zu dem Bild vom ersten Eisbecher des Jahres in der Timeline kommentiert haben.

  Das Internet vergisst es nicht.

  Niemals.

  Deswegen: Erst denken, dann posten.

  Halten wir uns an die gute Flame-Schutzregel für E-Mail:

  Erst eine Nacht darüber schlafen - dann antworten.

  Dann kann man entweder sicher sein, dass der Ärger (Verwunderung/Zorn/Lacher) verraucht ist - oder die Antwort wird noch schärfer und damit womöglich verdient.

So, ahoi Seebär.

Wir kommen unserem Offizierspatent Schritt für Schritt näher.

Und mit jedem Schritt - das ist mein Versprecher für heute - werden wir erfahrener im digitalen Untergrund und wir werden mehr Spaß online haben - ganz ohne Manipulation und Verfolgung.

Was kann mir jetzt noch helfen?

TL;DR

- Surfer müssen lernen. Lernen. Lernen! - Die Crew schulen.
- Alle Mann an Deck: Regelmäßig Rettungsmanöver durchführen
- U-Boote im digitalen Weltmeer: Auf virtueller Schleichfahrt
- Obfuscation: Unterwegs mit der eigenen Nebelbank
- Der letzte Ausweg, Robinson: Landgang!

Was bleibt jetzt noch zu tun?
Wir haben unsere Flotte zusammengestellt:

- die Tarnkappen-Korvette zur unerkannten Aufklärung: den Tor Browser
- unseren hochseetauglich aufgerüsteten Brot-und-Butter Fischkutter: den Firefox
- unser Rettungsboot: den Vivaldi oder auch den Safari (sofern wir unter macOS die digitalen Weltmeere durchsegeln

Wir sind uns der Gefahren im virtuellen Ozean bewusst:

- wir kennen Scylla und Charibdis mit Vor- und Zunamen (Theresa und Angela - was uns Homer verschweigen wollte).
- wir haben gelernt, wie wir uns vor Datenpiraten, -kraken und informatorischen Saugrobotern schützen können.
- wir erkennen die digitalen Untiefen, auch wenn sie nur mit ihren manipulatorischen Sirenengesängen locken.

Wir haben unseren Datenkutter kalfatert und mit Schwimmflügeln ausgerüstet.
Unnötigen Ballast haben wir über Bord geworfen und wir wissen, dass wir auch sonst sparsam mit unseren Datenrationen umgehen müssen -

ansonsten werden wir bis auf unser letztes Seehemd ausgezogen - oder sogar noch weiter.

Also was bleibt jetzt noch zu tun?

Die Crew schulen.

Ich komme mir ein wenig wie eine Schallplatte vor, die hängen geblieben ist, weil ich in jedem Artikel zum Thema *sicheres surfen* immer wieder auf der Tatsache herum reite, dass Lernen essenziell wichtig für den Schutz unserer Privatsphäre ist.

Wir leben in einer Zeit der Machtasymmetrie und dieses Gefälle dürfen wir nicht noch mehr zu unseren Ungunsten verschieben.

Die dunkle Seite der Macht ist besser ausgestattet als wir: personell, technisch und auch finanziell.

Daher ist es für die Verteidigung unserer Privatsphäre und unserer Freiheit so unerlässlich wichtig, dass wir unsere virtuellen Seemannsbeine trainieren und immer wieder trainieren.

Wenn wir Gefahren nicht kennen, kommen wir darin um - oder zumindest unsere Daten.

Der Gefahr ist es egal, ob wir sie kennen oder nicht - sie ist da.

Ignorance is bliss - aber nur bei Dingen, die uns nicht betreffen.

Wenn wir uns im digitalen Ozean den Luxus von Ignoranz leisten wollen, dann dürfen wir nicht surfen.

Sollte jemand dies hinkriegen, hat er meinen tief empfundenen Respekt.

Mein Ziel ist jedoch, meine Leser zu erfahrenen und mit allen virtuellen Wassern gewaschenen Digitalseebären zu schulen - und nicht zu technophoben Landratten zu ängstigen.

Darum mein Aufruf:

Lernt, Leute, lernt! - und lasst euch nicht verschrecken.

Regelmäßig Rettungsmanöver durchführen

So wie wir unser Hausboot regelmäßig ins Trockendock zur Wartung schippern müssen, so müssen wir für unsere virtuelle Flotte regelmäßig Sicherungen durchführen.

Ähnlich wie es im Rahmen einer Schifffahrt vollkommen fahrlässig ist, ohne Rettungsboote in See zu stechen, so ist es für uns Digitalmatrosen vollkommen unverantwortlich, ohne Backup zu arbeiten.

Mir gefällt der Spruch aus der Systemadministratoren-Riege:

Kein Backup - kein Mitleid.

Allerdings reicht es nicht, Rettungsboote an Bord zu haben.
Wir müssen auch regelmäßig Manöver durchführen.

Ach, wie schön sind doch diese Drills auf den Kreuzfahrtschiffen, wenn alle Passagiere mit ihren orangefarbenen Rettungswesten an Deck stehen und darauf warten, in die ihnen zugeteilten Rettungsboote verfrachtet zu werden.

Frauen, Kinder und Einhörner zuerst!
Drachen und Faulpelze erst später.

Und danach gibt's dann für alle einen Aquavit zum aufwärmen.
Und genau dies sollten wir als versierte virtuelle Seefahrer auch machen.
Also - nicht mit dem Aquavit anfangen - den gibt's erst hinterher.
Nein, regelmäßige Manöver durchführen.

Das beste Backup hilft uns nicht, wenn der Restore nicht klappt.
Wär ja auch echt blöd, wenn wir feststellen (sobald wir auf den Eisberg aufgelaufen sind) dass die Rettungsboote leck geschlagen, keine Riemen vorhanden und die Rettungswesten aufgrund von Sparmaßnahmen aus Pappmaché sind.
Schön blöd.
Darum prüfen wir regelmäßig die Tauglichkeit unserer Backups.

Nicht jedes Mal, aber ein ums andere Mal schon.

Weil nix blöderes, als im Katastrophenfall festzustellen, dass wir zwar ein Backup angelegt haben - sich dieses aber nicht wieder einspielen lässt.

Auf virtueller Schleichfahrt

Wir können auch ab und zu unsere Segelyacht im Hafen lassen und ein U-Boot nehmen.

Mit einem U-Boot sind wir - zunächst einmal - weg von der Oberfläche.

Die Entsprechung eines U-Bootes im virtuellen Weltmeer ist ein VPN-Tunnel[33].

Ein VPN - ein **V**irtual **P**rivate **N**etwork - errichtet gewissermaßen einen Tunnel, der unsere Kommunikation verschlüsselt, so dass kein Dritter diese auf dem Übertragungsweg mitlesen kann.

Darüber hinaus verschleiert ein VPN auch unsere geografische Position im digitalen Ozean - ganz so, als würden wir die Kompasse, Sonars und Echolote der Datenpiraten verwirren.

Der Einsatz eines VPNs lohnt sich immer dann, wenn wir einfach mal weniger Spuren als üblich hinterlassen wollen.

Unterwegs mit der eigenen Nebelbank

Eine weitere Möglichkeit, unsere wahren Interessen vor den neugierigen Augen der Datenkraten zu verbergen, ist der Einsatz von Obfuscation - Verschleierung.

In meinem letzten Artikel habe ich bereits das Add-on Adnauseam angesprochen.

Dieses nutzt die Technik der Obfuscation[34] bereits, indem es wahllos auf *jede* Werbeanzeige klickt.

Ein Wort zur Beruhigung: Durch dieses wahllose Herumklicken fangen wir uns *keine* Schadsoftware ein, denn der Klick auf die Werbefläche wird nur simuliert, nicht wirklich durchgeführt.

Die technischen Details dazu sind hier erklärt.

Durch dieses All-you-can-click Verhalten von Adnauseam wird unser wahres Interesse an Produkten und Dienstleistungen vollkommen verschleiert - kein Datenauswerter kann jetzt noch etwas sinnvolles mit unseren Daten anfangen.

Und in genau diesem Gewand kommt ein weiteres Add-on daher: TrackMeNot[35].

Dieses Add-on zur Verschleierung unseres Surfverhaltens wurde von Helen Nissenbaum[36] und Daniel C. Howe[37] entwickelt und erzeugt einen Datennebel aus zufälligen Suchmaschinenanfragen, in welchem unsere wirklichen Interessen untergehen - das ist eine Form von Obfuscation.

Diese "Waffe der Schwachen" ist in meinen Augen ein legitimes Mittel, welches wir zur Verteidigung unserer Privatsphäre einsetzen können, dürfen und auch sollten.

Landgang!

Als weiteres - letztes - Mittel in unserem Kampf um unsere datentechnische Souveränität haben wir natürlich immer noch den Landgang.

Wir können - ganz im Geiste Robinson Crusoes - unser Seegefährt recyclen und eine gemütliche Hütte auf einer einsamen Insel daraus bauen.

Das ist ein drastischer Schritt, denn eine einsame Insel ist vor allem eines: Einsam.

Und ganz so, wie es Robinson Crusoe erging, werden wir nicht dauerhaft allein bleiben.

Die (Daten-)Piraten finden uns auch auf unserer vom digitalen Ozean umgebenen einsamen Insel und dringen dort - an Land - in unsere Privatsphäre ein.

Das geschieht auch schon jetzt.

Google will seine digital korrelierten Ergebnisse zukünftig auch mit Daten aus der echten Welt verknüpfen[38].

Damit ist auch der Rückzug aus der virtuellen Welt keine Option mehr, um seine Privatsphäre zu retten.

Es ist aber auf jeden Fall ein Baustein in der Verteidigungslinie für unsere Privatsphäre.

Ein temporärer digitaler Landgang entzieht uns für eine gewisse Zeit dem allsehenden digitalen Auge und beschert uns Zeiten von Ruhe und nimmt uns aus der digitalen Hektik raus.

Jede Aktion, die uns unberechenbarer macht, hilft uns dabei, unsere Eigentümlichkeit, unsere Individualität und unsere Privatsphäre zu erhalten.

Daher mein Rat:

Nehmt euch ab und zu eine Auszeit und geht mal wieder an Land!

Ihr habt euch euer virtuelles Offizierspatent redlich verdient.

Genießt euren Erfolg.

Sonnt euch auf dem Deck eurer 12-m-Yacht. Ich wünsche euch immer eine Handbreit Wasser unterm Kiel - und Augen offen halten - die Gefahren bleiben bestehen, es gibt noch viel unentdecktes Meer dort draußen.

Bequemlichkeit vs. Privatsphäre

Warum wir so leichtfertig unsere Privatsphäre aufgeben

TL;DR

- Die Katze beisst sich in den Schwanz: Es ist halt so verdammt bequem
- Nix wissen hilft nix: Unwissenheit essen Privatsphäre auf
- Mir egal: Was geht mich meine Privatsphäre an?
- Die dunkle Seite: Komm auf die bequeme Seite - wir haben Kekse
- Achtung, Brechreiz: "Ich habe doch nichts zu verbergen"

Die Liste der Gegensätze ist lang und wird mit jedem neuen Thema, dem wir uns gegenüber sehen, um mindestens einen Punkt länger.

- Sekt oder Selters?
- Lackschuh oder Leguano?
- Aufzug oder Treppe?
- Batman vs. Superman

Und in diesem illustren Reigen wollte ich mit meinem Thema natürlich auch einen Beitrag leisten:

Bequemlichkeit vs. Privatsphäre

In diesem und den folgenden Artikeln mache ich mir Gedanken darüber, wie diese beiden Fixsterne - schwarze Löcher gar - miteinander konkurrieren und gegenseitig um unsere Aufmerksamkeit buhlen.

Ich werfe zunächst einen kritischen Blick darauf, was uns dazu treibt, unsere Privatsphäre zu leichtfertig aufzugeben.
Anschließend beleuchte ich das Thema, wie Bequemlichkeit unsere

Privatsphäre gefährdet.

Gefolgt von einem aufmunternden und mutmachenden Aufruf, was wir tun können - zum einen um unseren inneren bequemen Schweinehund zu überwinden und zum anderen, um unsere Privatsphäre zu schützen.

Als Abschluss dieser Reihe mache ich mir dann noch einige unbequeme Gedanken (für mich und die anderen) über die Bequemlichkeit.

Dann fangen wir mal.

Oder, um es mit dem Joker zu sagen:

"And here we go."

Es ist halt so verdammt bequem

Nun, die Industrie arbeitet halt mit Hochdruck, Sahnetorten und allem möglichen anderen Lockmittelkram daran, uns um unsere Privatsphäre - im Tausch gegen ein Plus an Bequemlichkeit - zu bringen.

Und allein die Verlockung, ein Mehr an Bequemlichkeit zu erhalten, reicht für den durchschnittlichen Wald-und-Wiesen-Privatsphärengefährder aus, um seine Privatsphäre den Bach runter gehen zu lassen.

- Den SmartTV bequatschen, damit dieser das Programm wechselt? Klar, her damit!
  Ach, dabei werde ich dauerhaft in meinen eigenen heiligen Hallen überwacht? Egal!

- Das Auto starten, ohne aufwändig den Zündschlüssel anzufassen? Da mach ich mit!
  Oh, mein Auto kann mir deswegen geklaut werden, weil der Dieb ja gar nicht den Schlüssel in Händen halten muss?
  Achwas, passiert ja nur anderen.

- Das Smartphone mit meinem Fingerabdruck entsperren? Ja, super - dann brauch ich mir gar kein Passwort mehr merken!

Kann ja gar nix dabei passieren, weil den Fingerabruck hab ich ja immer bei mir und der kann ja gar nicht geklaut werden...
Oder wie war das noch mit dem Chaos Computer Club und Wolfgang Schäuble[39]?

Bequemlichkeit ist einer der größten Feinde der Privatsphäre.
Weil es halt so bequem ist.
Andersrum wird vielleicht eher ein Schuh der Erkenntnis daraus:
Es bedeutet eben einen gewissen Aufwand, seine Privatsphäre zu schützen.
Das ist halt unbequem.

- Wir müssen für jeden Online-Dienst, den wir nutzen, ein eigenes, sicheres Passwort anlegen (und am besten eine eigene E-Mail Adresse).
  Das ist unbequemer, als überall das eingespielte Passwort ("*geheim*") einzusetzen.
- Es ist unbequemer, mit Bargeld zu bezahlen, als jeden Kaugummi durch einen nonchalanten Wisch mit der EC-Karte über das Bezahlterminal zu begleichen.
- Ein physisch vorhandener Schlüssel schließt manuell langsamer (aber sicherer!) als ein cooles, biometrisch mit Fingerabdruck und Iris-Scan gesichertes Türschloß.

Privatsphäre und Bequemlichkeit sind schlicht zwei Wünsche, die sich diametral gegenüber stehen.
Da wird es schwer bis unmöglich, diese in Einklang miteinander zu bringen.
Wenn wir das Eine wollen, müssen wir Abstriche beim Anderen hinnehmen.

Unwissenheit essen Privatsphäre auf

Ich habe es bereits im Zusammenhang mit sicherem Surfen erwähnt, unsere Gegner sind zahlreicher als wir - und besser ausgebildet.
Wir müssen Wissen darüber auf- und ausbauen, wie wir unsere Privatpshäre schützen können, ansonsten werden wir immer weiter zurückgedrängt.
Unsere Freiheit wird Schritt für Schritt eingeschränkt.
Der Freiraum unserer Privatsphäre wird kleiner und kleiner.
Was wir dagegen tun können?

- Wir können uns weiterbilden.
- Wir können unsere selbstverschuldete digitale Unmündigkeit aufgeben.
- Wir müssen unsere Unwissenheit aufgeben.

Es interessiert unsere Kontrahenten nicht, ob wir unsere Privatsphäre verlieren, weil wir unwissend sind.

"Ignorantia legis non excusat"

ist uns allen ein Begriff.
Uns ist klar, dass Unwissenheit uns nicht vor Strafe schützt.
Warum - so frage ich - verhalten wir uns dann hinsichtlich unserer Privatsphäre gerade so, als **würde** uns Unwissenheit vor Strafe schützen?
Wir gehen so fahrlässig mit unseren persönlichen Daten um, als gäbe es kein Morgen.
Wäre ein schuldhafter - und wir **sind** schuld daran, wenn wir unsere Daten verlieren (oder verschenken!) - Datenverlust ein Verbrechen, die Gefängnisse wären übervoll mit Datenverlustschuldigen!
Ich wiederhole mich - gern und mit inbrunst - wir müssen **lernen, lernen, lernen**!

Was geht mich meine Privatsphäre an?

Desinteresse ist ein weiterer Punkt auf der Liste der Risikofaktoren unserer Privatsphäre.

Mir ist klar, dass in unserer Zeit ein starker Fokus darauf liegt, möglichst an allem Interesse zu haben und auch zu allem eine Meinung zu haben.

Weiterhin ist mir auch klar, dass jeder der **sein** Thema nach vorn bringen will, **sein** Thema als das **allerwichtigste** Thema überhaupt (mit Abstand und Sternchen) ansieht.

Kein Waffenhändler argumentiert - neben den wundervollen Vorzügen der neuesten Tarnkappendrohne mit lasergesteuerten Präzisionsbomben - für die Rettung des einohrigen Sumpfdotterhuhns.

Das ist unproduktiv und lenkt einfach vom Thema ab.

Aber eine lasergesteuerte Präzisionsbombe von einer Tarnkappendrohne - das is halt wirklich wichtig.

Musste verstehn, ne?

Ja, da bin ich auch nicht anders.

Ich halte mein Thema auch für **das wichtigste Thema** überhaupt.

Aber meine Argumentation ist besser als die des Tarnkappendrohnen-liefernden Waffenhändlers:

Mir liegt die Freiheit am Herzen.

Ohne, dass ich dafür jemand anderen (der auf der falschen Seite der präzisionsgesteuerten Laserbombe steht) dafür in ein kleines Häufchen rauchende Asche verwandeln muss.

Nein, wir müssen uns nicht für **alles** interessieren.

Aber wir sollten uns **dringend** für das interessieren, was uns wirklich betrifft.

Und das ist nun mal unsere Privatsphäre.

Die geht halt uns etwas an.

Genau genommen geht sie **nur** uns etwas an.

Und um zu verhindern, dass sich jemand anderes um unsere Privatsphäre kümmert, müssen wir uns halt verdammt noch mal selbst darum kümmern.

Desinteresse ist keine Lösung.
Wenn wir uns nicht interessieren, dann löst sich das Problem über kurz oder lang von ganz allein.
Dann gibt es einfach kein "*uns*" mehr.
Dann wird der letzte Rest von Individualität, eigener Meinung, Freiheit - schlicht von Privatsphäre - einfach ausgelöscht.
Weil wir uns nicht gekümmert haben.

Komm auf die bequeme Seite - wir haben Kekse

Die Verlockungen der bequemen Seite sind halt sehr stark.

- Es ist einfach bequem, sich mit einem Facebook-Account in jedem anderen Online-Account anzumelden.
- Es ist halt so viel leichter, mit "*ja*" auf die Frage "*Haben Sie payback?*" (wenn die Frage in dieser nahezu grammatikalisch vollständigen Form gestellt wird) zu antworten, als zu sagen "*Nein, habe ich nicht und mit diesem datensaugenden Überwachungssystem will ich nichts zu tun haben!*".
- Es ist so viel praktischer, irgendwo in der Wohnung zu rufen: "*Hey Alexa* (Siri, Cortana oder wie auch immer die nächste Überallwanze auch verniedlichend genannt wird), *wie ist das Wetter heute?*" anstatt einfach das Fenster aufzumachen und den Regen aufs Gesicht tanzen zu lassen.

Der Mensch (und da schließe ich mich mit ein) tendiert konstant zu einem höheren Maß an Bequemlichkeit.
Mit dieser Erkenntnis haben wir jetzt die Wahl (wir haben **immer** eine Wahl).

- Entweder können wir diesem konstanten Sog nachgeben und uns stets auf eine neue Ebene der Bequemlichkeit heben lassen. (is nämlich voll bequem: für mehr Bequemlichkeit müssen wir aktiv gar nichts tun)
- Oder wir kämpfen gegen unseren inneren Schweinehund (die bequeme Socke!) und verzichten auf die eine oder andere Bequemlichkeit und stärken damit unsere Privatsphäre.

Denn eines muss uns klar sein:
Mehr Bequemlichkeit geht **immer** mit weniger Privatsphäre einher.
Wenn wir den Schutz unserer Privatsphäre als Ziel haben, verzichten wir damit auf ein gewisses Maß an Bequemlichkeit.

Aber seien wir doch ehrlich:
Wie viel mehr Bequemlichkeit brauchen wir?

- Ist eine manuell bediente Fernbedienung für unseren Fernseher nicht ausreichend?
- Reicht uns nicht vielleicht doch eine funkgesteuerte Zentralverriegelung unseres Autos ?
- Ist eine klassische Schließanlage an der Haustür - so eine mit einem echten Schlüssel - nicht vielleicht doch ausreichend?

Hip und der-neueste-heiße-Scheiß bedeutet nicht direkt "*besser als etabliert und ausgereift*".

"*Ich habe doch nichts zu verbergen*"

Ehrlich, liebe Leser, ich könnt jedes Mal im Strahl spucken, wenn ich diesen Hohlphrasenschwachsinn höre.

Edward Snowden bringt es wirklich gut auf den Punkt, wenn er sagt:

> *„Zu behaupten, das Recht auf Privatsphäre sei nicht so wichtig, weil man nichts zu verbergen hat, ist, wie zu sagen; Das Recht auf freie Meinungsäußerung sei nicht so wichtig, weil man nichts zu sagen hat."*

Dieser alberne Dummfug, zu behaupten, man habe nichts zu verbergen, ist meiner Ansicht nach entweder vollkommen unreflektiert oder aus der falschen Annahme heraus, nur schlechte Menschen hätten Geheimnisse, entstanden.

Leute!

Wer ist denn bereit, die PIN seiner EC-Karte ans schwarze Brett zu hängen oder seine sexuellen Fantasien beim nächsten Familienfest auszubreiten?

Also, sind wir doch mal ganz ehrlich, atmen locker durch die Füße und sagen:

> *"Ja, ich habe etwas zu verbergen."*

Geht doch.

Fühlt sich gut an, oder?

Weil wir jetzt an einem Punkt angelagt sind, von dem aus wir etwas für den Schutz unserer Privatsphäre tun können.

Wir müssen nicht zurück in die digitale Steinzeit - aber wir müssen uns klar machen, was uns erwartet, wenn wir nichts tun.

Also tun wir etwas.

Wie gefährdet Bequemlichkeit unsere Privatsphäre

TL;DR

- Schlüssellos - Schlüssel los: KeylessGo, oder besser: CarlessNoGo
- SmartTV und Alexa-artiges: Wenn unser Entertainment-Center uns belauscht
- Biometrie: Ich würd meinen Finger für meine Bequemlichkeit hergeben...
- Smartphones: Die Wanze in unserer Tasche
- Kreditkarten: Ich zahle mit meinen guten Daten
- Der Datenteufel Kundenkarte: Hold back and don't Payback

Dann betrachten wir heute einmal die bequemen Helferlein, die danach trachten, unser Leben zu vereinfachen - und dabei leider unsere Privatsphäre auflösen.

Die Bequemlichkeit von uns Nutzern ist der Hauptgrund für die Gefährdung unserer Privatsphäre.

Wenn wir den Zustand unserer zunehmend eingeschränkten Freiheit beklagen und dabei die Schuld bei den "bösen" Geheimdiensten oder den "unfairen" Internetkonzernen suchen, dann ist das deutlich zu kurz gesprungen.

Es ist einfach, die Schuld stets außerhalb unseres eigenen Verantwortungsbereiches zu suchen.

Erst wenn wir die Verantwortung für unser Handeln selbst übernehmen, haben wir Einfluss darauf, wie unsere Privatsphäre aussieht.

Unsere Privatsphäre ist nun mal unsere private Angelegenheit - also nehmen wir dieses Thema am besten auch in unsere eigenen Hände.

Wenn unser Entertainment-Center uns belauscht

Ich bin technologischen Entwicklungen gegenüber doch deutlich aufgeschlossen und plädiere ja auch nicht dafür, dass wir uns nur noch am Lagerfeuer Geschichten erzählen sollten.

Deswegen finde ich Entwicklungen wie Netflix und andere Streaming-Dienste ja echt toll.

Schauen wann ich will.

Das macht einem das Leben deutlich einfacher.

Das Abendessen muss nun nicht mehr vor der 20-Uhr-Tagesschau fertig sein, damit wir den neuen Tatort oder den Blockbuster auf Kanal 832 um viertel nach acht in aller Ruhe schauen können.

Ne, jetzt können wir den Feierabend-Krimi starten wann **wir** wollen!

Freiheit, ich nenne dich Internet!

Also gut, einen internetfähigen Fernseher find ich klasse.

Aber wieso um George Orwells Willen muss der mir **immer** zuhören?

Schaffe ich es wirklich nicht mehr, eine Hand vom kühlen Bier zu lösen oder aus der Chipstüte zu ziehen, um einen **Knopf auf der Fernbedienung zu drücken**?

Muss ich meinen Kanalwechselwunsch wirklich akustisch verbalisieren?

Leute, wenn ich das Gerät mit einem gesprochenen Befehl einschalten will, dann muss es mir zwangsläufig **immer** zuhören.

Und es hört **alles** was ich sage.

Also keine vertraulichen Gespräche mehr in der guten Stube.

Das Ding **hört** was ich sage.

Und wir wissen nicht, was es mit dem Gesagten so alles anstellt.

Mir kommen da die Worte von General Keith Alexander in den Sinn:

> *"Warum können wir nicht eigentlich alle Signale immer abfangen."*

Tja, lieber Herr General - können wir doch.

Und machen wir.

Und es beschränkt sich ja nicht nur auf den ans Internet angeklemmten televisionären Lauschangriff.

Alexa und wie die anderen hardware gewordenen feuchten Stasiträume auch heißen - sie belauschen uns in **jedem** Raum.

Weil - wir wollen ja ganz praktisch per Sprachbefehl aus der Küche heraus das Licht im Schlafzimmer dimmen, die Waschmaschine starten und schon einmal zehn Liter ... bestellen.

Weil - is ja alles so schön bequem.

Ich frage mich immer öfter, ob wir eigentlich noch alle Latten am Zaun haben.

Vielleicht frage ich mal Alexa...

KeylessGo, oder besser: CarlessNoGo

Zunächst einmal ist mir bei diesem sicherheitstechnischen Rohrkrepierer das Einsatzszenario nicht ganz klar.

Ist das was für Menschen, die permant Hände, Arme, Füße und bionische Erweiterungen mit Smartphones, Bierflaschen und zehn Tüten voller Shoppingtrophäen vollgepackt haben?

Wo bitte liegt der Sinn vergraben, dass ich den Schlüssel **nur in meiner Nähe** haben muss, um mein Auto zu öffnen und zu starten?

Es macht trotzdem noch nicht mal die Tür für mich auf!

Das muss ich nach wie vor mit der Hand tun!!

Und wenn ich so besoffen bin, dass ich den Schlüssel nicht mehr ins Zündschloss bekomme, dann treffe ich den Start/Stop Knopf auch nicht mehr!!!

Dafür riskiere ich, dass jeder Hempel, der einen Range-Extender bauen kann - und das Zeug dafür bekommt man für wenige Euros - mir meine Karre quasi unter dem Hintern wegklauen kann.

Sind wir ernsthaft schon so naiv oder von der Industrie schon so weichgekocht, dass wir auf einen derartigen Schwachsinn reinfallen?

Falls ja ... haben wir es vielleicht wirklich verdient, bevormundet, manipuliert und ausgeraubt zu werden.

Falls nein ... dann bitte ich inständig darum, von unserem Verstand Gebrauch zu machen und kritisch zu prüfen, ob wir wirklich jede uns vor die Füße geworfene Technologie brauchen.

Ich würd meinen Finger für meine Bequemlichkeit hergeben...

Schon lange aus dem Bereich der Science-Fiction herausgetreten sind sie: Die biometrischen Zugangskontrollen.

Nicht mehr nur Superagenten, Superschurken und superkrass geheime Forscher im Regierungsauftrag dürfen Türen, Panzerschränke und Kaffeemaschinen mit ihren Fingerabdrücken, Iris-Scans oder Speichelproben öffnen.

Nein, das kann mittlerweile jeder technik-affine und - wiederum - sicherheitstechnisch schlecht beratene Häusle-Bauer.

Egal, ob es die Freischaltung unseres Smartphones oder die Öffnung unserer Haustür ist - inzwischen können wir biometrisch nahezu alles öffnen.

Sogar Überweisungen mittels unserer allzeit präsenten Wanze lassen sich mit einem Druck auf den Fingerabdrucksensor bestätigen.

Und ewig locken die Versprechungen der Industrie.

So bequem, so sicher, so schnell...

Nun, leider unterlassen es die Anbieter und Hersteller dieser Bequemlichkeiten stets, auf die damit verbundenen Risiken und Nebenwirkungen - am besten in Form eines Beipackzettels - hinzuweisen.

Allerdings erführe dieser digitale Beipackzettel dieselbe Aufmerksamkeit wie seine papiernen Verwandten und AGBs, nämlich: keine.

Es fängt doch schon damit an, dass wir nur zehn Finger und zwei Augen haben.

Da ist jetzt nicht besonders viel Spielraum für Ausweichmöglichkeiten.

Ist ein Fingerabdruck weg, dann habe ich noch neun verbliebene Alternativen.

Aber moment mal - wenn der Fingerabdruck weg ist, ist der Fingerabdruck weg ... bleibt jedoch leider mit meiner Identität verknüpft. Dilemma, dilemma.

Wird mir ein Passwort gestohlen, kann ich dies wenigstens ändern. Wird mir allerdings ein biometrisches Merkmal gestohlen, bleibt dieses trotzdem dauerhaft mit meiner Person verbunden.

Erbeutet ein Dieb eines meiner biometrischen Merkmale, egal ob Fingerabdruck, Iris-Scan oder was auch immer die Industrie an dieser Stelle noch als "*eindeutiges*" Merkmal findet, dann kann sich dieser Dieb als ich ausgeben.

Für immer.

Die Wanze in unserer Tasche

Was früher die Stasi noch in mühevoller Geheimarbeit unter Einsatz unlauterer und illegaler Mittel machen musste, das übernehmen wir heuer selbst - ganz freiwillig.

Nämlich die Verwanzung unseres Lebens.

Wir tragen sie ständig mit uns herum, die Wanze, die unser ganzes Leben - fast sogar schon unsere Gedanken - überwacht und manipuliert.

Es ist wirklich sehr praktisch, seine(n) KalenderRatgeberLexikonMessengerSpielhalle dabei zu haben.

Allerdings geben wir damit nicht nur einen Teil unserer kognitiven Fähigkeiten auf - wie jüngst eine Studie der University of Chicago gezeigt hat[40].

Sondern wir machen uns schlicht überwachbar.

Smartphones verfügen über mannigfaltige Möglichkeiten des Machtmissbrauchs.

Egal ob SIM-Karte, WLAN, Bluetooth oder GPS - jedes für sich allein genommen schon eine wundervolle Wanze der weltweiten Verfolgung.

Aber zusammen stellen diese Technologien eine Wirksamkeit an Überwachung dar, die sich George Orwell und Jeremy Bentham[41] gemeinsam nicht hätten vorstellen können.

Und das machen wir **freiwillig**.

Niemand zwingt uns.

Niemand bricht in unsere Wohnung ein und installiert diese Wanzen in aller Heimlichkeit.

Wir kaufen sie.

Freiwillig.

Ich zahle mit meinen guten Daten

Es ist so einfach, so bequem, mit Kreditkarte zu bezahlen.

Wir geben **einmal** unsere Kartendaten preis, ab diesem Zeitpunkt können wir **sofort** mit nur **einem** Klick all das kaufen, was uns vor die manipulierten Augen geworfen wird.

Ganz bequem.

Und ganz bequem für all die Überwacher und Manipulatoren liegt unser Konsumverhalten parat.

Jede Finanztransaktion über Kreditkarten wird von der NSA gespeichert und überwacht.

Jede Zahlung mit einer Kreditkarte - nicht nur online, so der Wunsch und sicher auch bald Wirklichkeit - wird von Google, Amazon und ähnlichen Datenkraken ausgewertet.

Warum geben wir so leichtfertig unsere Freiheit und unsere Privatsphäre auf?

Weil es bequem ist.

Weil uns nicht klar ist, was dieses Machtgefälle zwischen denen, die Daten horten, und uns, die wir Daten liefern, bedeutet.

Weil so ein Regimewechsel wie in der Türkei bei uns nicht passieren kann.

Nein? Weil wir alle ja so darauf bedacht sind, dass es nicht passiert?

Weil wir alle so vernünftig und vorsichtig mit unseren Daten - und dem, was damit gemacht wird, umgehen?

Hold back and don't Payback

Punkte, Punkte, Punkte.

Überall sammeln wir Punkte.

Ist uns eigentlich klar, was wir dafür hergeben?

Wir bekommen im Leben nichts geschenkt.

Ganz besonders nicht in einer marktwirtschaftlich geprägten Gesellschaft wie der unsrigen.

Und ganz besonders nicht von gewinnorientierten Unternehmen.

Denn wenn diese nicht gewinnorientiert und marktwirtschaftlich denken und handeln werden sie mittelfristig gar nicht mehr handeln.

Die Punkte, die wir so eifrig sammeln, sind sehr genau in die Preise der Produkte und Dienstleistungen mit einkalkuliert.

Für jeden Punkt, den wir erhalten, geben wir dem Punkteverteiler etwas viel wertvolleres zurück:

Unsere Daten.

Durch unsere emsige Punktesammlung wird ein klares und umfassendes Profil von uns erzeugt.

Und mit diesem Profil wird sehr viel Geld verdient.

Einerseits kann uns damit personalisierte Werbung angeboten werden.

Diese Form der Werbung reduziert die "Streuverluste" drastisch und erzielt so eine wesentlich höhere Konversionsrate von *Werbung zu Verkauf.*

Das wirklich wundervolle an Profilen ist, dass sie noch dazu weiter verkauft werden können.

So kann schon allein mit unseren Daten Geld verdient werden (ganz ohne dass wir einen Einkauf tätigen).

Unsere Profile können mit weiteren Daten über uns und gleichartigen Daten von ähnlichen Profilen korrelliert werden und neue, detaillierte

Profile können dann sehr einfach erzeugt werden.

Und auch dies machen wir freiwillig (bzw. lassen wir zu)

Ohne Zwang.

Weil es es bequem ist.

Hinterfragen wir die augenscheinlich so angenehmen Erfindungen und denken ein wenig hinter den Linien unserer Bequemlichkeit - für unsere Privatsphäre.

Was kann ich tun, innerer Schweinehund?

TL;DR

- Lieber hier und gleich als überall und immer: Lokal ist das neue immer und überall
- Bequemlichkeit ist grenzenlos: Dein Staubsauger muss keinen Plan haben
- Kochen ist können - nicht automatisieren: Selbst kochen macht glücklich
- Unendliche Auswahl ist ein Fluch: Streaming spart weder Zeit noch Nerven
- Übung schafft Meisterschaft: Kontinuität glättet das Unbequeme
- Dogmatisch sein macht einsam: Askese ist keine Lösung

"The End is Nigh!"

Nachdem ich in den letzten beiden Folgen wie ein wütender Prophet des drohenden kulturellen und sozialen Untergangs auf die Bevormundung durch Bequemlichkeit fördernde Technologien und Verhaltensweisen eingeschimpft habe, will ich heute konstruktiver an die Kontroverse Bequemlichkeit vs. Privatsphäre herangehen.

Hier will ich einige Hinweise darauf geben, wie wir uns aus der einlullend-gemütlichen Umarmung der Bequemlichkeit lösen können und stattdessen frei und selbstverantwortlich unsere Privatheit fördern können.

Also anschnallen und los gehts.

Lokal ist das neue immer und überall

Bequem ist in erster Linie eine persönliche Entscheidung die wir treffen. Es ist bequem, den neuesten Perry Rhodan Silberband online zu ordern und am nächsten Tag von fleißigen Paketboten geliefert zu bekommen. Aber wir haben doch alle eine Buchhandlung in mittelbarer oder sogar unmittelbarer Umgebung.

Was vergeben wir uns, wenn wir den lokalen Buchhandlung unterstützen? Nichts, will ich meinen.

Im Gegenteil - wir gewinnen sogar einiges:

- es gibt weiterhin einen lokalen Buchhandel - und nicht noch einen weiteren 1-Euro-Shop
- wir können tatsächlich sozial interagieren, indem wir mit dem Buchhändler unseres Vertrauens sprechen
- wir reduzieren aktiv die Verstopfung unserer Innenstädte durch Paketdienste

Und obendrein bekommen wir unser neues Buch genauso schnell auf diesem Weg.

Also, nichts verloren, nur gewonnen durch Verzicht auf etwas Bequemlichkeit.

Wir gegen unseren inneren Schweinehund: 1 - 0

Dein Staubsauger muss keinen Plan haben

Ist es nicht schon ausreichend, wenn dein automatischer Putzteufel ohne dein Zutun deine heiligen Hallen saugt?
Es ist nicht notwendig, dass er dabei auch noch einen detaillierten Plan derselben erstellt - und an seine Kollegen von der industriellen Hausüberwachung, äh... -automatisierung, verkauft.

Es ist gut genug, wenn das Ding seine stupiden Bahnen zieht.
Es muss dabei nicht einem algorithmisch hochoptimierten Plan folgen, der den Parkettboden gleichmäßig abnutzt.
Das ist ein Holzboden.
Der hält, wenn es gut läuft, die nächsten tausend Jahre.
Da verursachen die 500 Gramm Roboter, die regelmäßig darüber hinweg saugen, keinen wesentlichen Abrieb.

Und falls wir uns Sorgen darüber machen, was der Saug-Robbie mit unserer Sammlung Ming-Vasen macht, dann ist so ein Ding sowieso die falsche Anschaffung - dann sollten wir uns lieber eine menschliche Reinigungskraft engagieren.
Damit tun wir dann auch noch etwas Gutes für den darbenden Arbeitsmarkt.

Selbst kochen macht glücklich

Der konstante Weg zu einer immer höheren Ebene der Bequemlichkeit macht auch vor der Küche nicht halt.
Convenience-Produkte waren hier nur der Anfang des bequemen Elends. Küchenautomatisierungsassistenten, die uns auf unseren Smartphones darüber auf dem Laufenden halten, wie wohl sich unser Niedertemperatur-gegarter Dry-Aged Rinderwahnsinn fühlt.
Oder auch der Kühlschrank, der sich bitterlich beklagt, dass demnächst die Milch alle ist.

Bequem - sicherlich.
Hilfreich - fraglich.
Bevormundend - ganz sicher.

Kochen ist eine Kunst - keine Wissenschaft.
Ein Tee ist fertig, wenn Farbe und Aroma stimmen - nicht wenn der ans Internet der Undinge angeschlossene, vollkommen überteuerte high-sophisticated Tea-Dispenser in Abstimmung mit der Online-Community dies sagt.
Und gleiches gilt für den Rinderschmorbraten, die Spätzle und sogar für die Wald- und Wiesentiefkühlpizza.
Bei steigendem Einsatz von bequemlichkeitsfördernden Spielzeugen und Technologien setzen wir uns der Gefahr aus, unser natürliches Gespür dafür zu verlieren, wann etwas fertig und bereit ist.

Streaming spart weder Zeit noch Nerven

Bequemlichkeit hält gern in Bereichen der Luxusversorgung Einzug. Ich vermute, dies liegt daran, dass wir gerade beim Luxus gern bereit sind, mehr Bequemlichkeit im Tausch gegen unsere Daten anzunehmen. Diese Bequemlichkeit erkaufen wir uns jedoch nicht nur mit unseren Daten und Profilen, die wir hierfür herausgeben. Nein, wir geben auch die freie Wahl auf. Denn es ist doch gerade bei Streaming-Diensten so unglaublich bequem, dass wir immer etwas "*passendes*" vorgeschlagen bekommen.

Wir brauchen uns gar nicht selbst entscheiden, was wir als nächstes sehen oder hören wollen - der Vorschlag-Algorithmus nimmt uns diese schwierige Entscheidung willfährig ab.

Vielleicht sollten wir diese Form von Bequemlichkeit auch in der Politik zum Einsatz bringen:

- Wenn du diesem Hohlphrasendrescher glaubst, dann wähle silber-türkis-gepunktet.

Ach, welche Wohltat - endlich nicht mehr aktiv entscheiden müssen... Ich schweife ab. Wollte ich doch konstruktiv schreiben heute.

Daher meine Empfehlung:

Greifen wir wieder zu offline verfügbaren Medien.

Wir können gezielt einen Film (oder auch - Wunder der Informationstechnik - ganze Serien) von Datenträgern schauen.

Ich rufe hier nicht zum Totalverzicht auf Filme, Serien, Musik und sonstige Lustbarkeiten auf.

Ich rufe zur bewussten und gezielten Auswahl auf.

Die Tyrannei der Auswahl - ich habe es hier bereits angesprochen, ist ein Faktor, der deutlich zur Unzufriedenheit beiträgt - ganz im Gegenteil zu dem, was uns die Streaming-Industrie wohlklingend in ihren Werbeversprechen anpreist.

Kontinuität glättet das Unbequeme

Bequemlichkeit gewinnt so immens an Charme, da es viele Schritte schlicht vor uns verbirgt.

Wenn wir hingegen die minder bequeme Variante wählen, sehen wir zum einen die bisher vor uns verborgenen Einzelschritte - und zum anderen wird uns die vermeintlich unbequeme Variante durch regelmäßigen und kontinuierlichen Einsatz als gar nicht so unbequem in Fleisch und Blut übergehen.

Unbequem sind letztlich nur Tätigkeiten, die wir ungern tun.

Beginnen wir doch, die kleinen Einzelschritte als Teil des Zieles zu betrachten und zelebrieren diese, anstatt sie als notwendiges Übel zu verdammen.

Askese ist keine Lösung

...und Selbstkasteiung tut auch bloß weh.

Wir sollten daher nicht zu hart zu uns (und vor allem zu anderen) sein.

Bequemlichkeit ist halt - bequem.

Ein furchtbarer Zirkelschluß - und so schlüssig in sich selbst.

Aber treten wir einen Schritt zurück und betrachten kurz die Auswirkungen von Bequemlichlichkeit.

Bequemlichkeit reduziert die Komplexität von Tätigkeiten.

Dies geht zugunsten der Zeit, die wir vermeintlich gewinnen.

Bequemlichkeit raubt uns auf der anderen Seite jedoch auch den Einblick in die Dinge, die wir durchführen.

Wir verlieren den Bezug zu dem, was wir tun.

Und wir geben auch stets einen Teil unserer Freiheit auf.

Sei es die Freiheit der freien Auswahl.

Oder sei es der Schutz unserer Privatsphäre, weil wir dem Bequemlichkeitsanbieter Einblicke in unserer Innerstes gewähren.

Und dennoch, wir sollten im Kampf um unser Selbst, unsere Privatsphäre, nicht dogmatisch werden.

Wir haben die Wahl - gerade darum geht es mir.
Und wir haben auch die Wahl, uns **bewusst** für Bequemlichkeit zu entscheiden.

Wir sollten lernen, dass wir immer zwischen Bequemlichkeit und Privatsphäre abwägen müssen.
Wir bekommen nicht beides in gleichem Maße.
Wollen wir mehr von dem einen, erhalten wir von dem anderen weniger.
Es ist ein Balanceakt und wir können - und sollten - frei entscheiden, was wir wollen.
Nur eines sollten wir vermeiden:

Uns diese Entscheidung aus den Händen nehmen lassen, indem wir kritiklos jede Bequemlichkeit versprechende Neuerung akzeptieren.

So, innerer Schweinehund, hier ist der Plan - am Wochenende bekommst du die Leine, Wochentags bin ich am Ruder.

Ein paar unbequeme Gedanken zur Bequemlichkeit

TL;DR

- Resistance is futile: Bequemlichkeit schafft Trägheit
- In der Hölle gibt es keine Regenbögen: Am anderen Ende der Bequemlichkeit
- Wenn ich mir etwas wünschen dürfte: Es könnte aber auch anders funktionieren...

Als bequemen Abschluss meiner Reihe über den Widerspruch, den uns der Drang nach Bequemlichkeit und die Notwendigkeit von Privatsphäre auferlegen, mache ich mir heute noch einige unbequeme Gedanken zur Bequemlichkeit.

Ich will noch einmal eindrücklich darauf hinweisen, dass wir stets in einem Spannungsfeld zwischen Bequemlichkeit und Privatsphäre leben. Wenn wir mehr von dem Einen haben, geben wir zwangsläufig etwas von dem Anderen auf.

So ist das im Leben - wir können nicht alles haben.

Und ich bin überzeugt davon, dass dies auch gut ist.

Wir werden uns bewusster, dass wir uns gezielt für etwas - und auch am besten gezielt gegen etwas - entscheiden.

Einen guten ersten Schritt haben wir schon getan, wenn wir uns bewusst machen, wofür wir uns entscheiden.

Wenn wir **bewusst** sagen, ja ich gebe einen Teil meiner Privatsphäre auf, um dafür etwas mehr Bequemlichkeit zu erhalten.

Und die Erkenntnis, dass wir uns bewusst für die eine Seite und damit ebenfalls bewusst gegen die andere Seite entscheiden, ist entscheidend.

Erst dann sind wir nicht mehr von außen gesteuert.

Erst dann haben wir die Möglichkeit, eine echte Entscheidung zu treffen. **Bewusst** für eine Stärkung unserer Privatsphäre einzutreten.

Bequemlichkeit schafft Trägheit

Ich hatte bereits im ersten Teil meiner Bequemlichkeitsserie geschrieben, dass wir aktiv gar nichts tun müssen, um eine höhere Ebene der Beuquemlichkeit zu erreichen.

Dorthin werden wir automatisch von Bequemlichkeit schaffenden Errungenschaften befördert.

Die damit einhergehende Aufgabe der Privatsphäre (wobei es paradoxerweise die Aufgabe der Privatsphäre ist, diese Aufgabe zu verhindern) nehmen wir im Rahmen der bequemen trägheitssteigernden Bequemlichkeitszunahme gern in Kauf.

Andererseits erfordert es von uns Aktivität und Bereitschaft, sich dem von außen verordneten Zuwachs an Bequemlichkeit zu widersetzen. Mir kommen die Borg in den Sinn, wenn ich hier über den konstanten und von externen Seiten verordneten Zuwachs von Bequemlichkeit in unserer Gesellschaft nachdenke:

> *"Widerstand ist zwecklos!"*

Was im übrigen überhaupt nicht stimmt.

Widerstand ist selten zwecklos (also nur, wenn man den Widerstand beispielsweise überbrücken kann).

Widerstand ist erstmal das Verhältnis zwischen elektrischer Spannung und der Stärke des durchfließenden Stroms:

> $R = U/I$

Also - um es für uns und unsere Betrachtung des Verhältnisses von Bequemlichkeit und Privatsphäre zu verdeutlichen, müssen wir anerkennen, dass es Kraft kostet, aktiv zu werden.

Aufwand, Bewusstheit oder was auch immer ist der Preis, den wir bezahlen müssen, wenn wir uns der zunehmenden Bequemlichkeit widersetzen wollen.

Es ist also gewissermassen ein Luxus, Privatsphäre zu hegen und zu pflegen.

Nur die wenigsten leisten ihn sich.

Aber der Aufwand lohnt sich!

Ehrlich.

Stellen wir uns vor, wir sind ein Widerstand.

Einer von den ganz großen.

Und von außen strömt immer mehr Bequemlichkeitsgedränge auf unsere Privatsphäre ein.

Also müssen wir dem unseren inneren Widerstand dagegenhalten.

Ansonsten wird unsere Privatsphäre immer weiter vom Bequemlichkeitsstrom zurückgedrängt.

Und das wollen wir nicht.

Am anderen Ende der Bequemlichkeit

Richten wir unsere Gedanken auf das andere Ende der Bequemlichkeit.

Was ist dort, auf der jenseitigen Seite eines bequemen Lebens.

Also dort, wo wir uns gänzlich der Bequemlichkeit anheim geworfen haben und jegliche Privatsphäre einem mehr und immer mehr an Bequemlichkeit geopfert haben.

Dort, im Schlaraffenland der Trägheit - manche würden es wohl Hölle nennen - wird etwas Neues aus unserer Bequemlichkeit.

Nämlich Notwendigkeit.

Es ist nicht mehr reine Bequemlichkeit, die uns drängt und zieht, immer bequemer zu werden.

Der Drang zur Bequemlichkeit wird zur Notwendigkeit.

Wir werden *alles* tun, jeglichen Rest unserer Persönlichkeit aufgeben, um der Notwendigkeit zu immer mehr Bequemlichkeit nachzukommen. Wenn wir schon jetzt für ein kleines bisschen mehr Streaming, für ein wenig mehr Kaufempfehlungen oder ein bisschen weniger Tipparbeit beim Ausfüllen eines Formulars bereit sind, Teile unserer Privatsphäre zu opfern ... wie weit sind wir dann noch davon entfernt, etwas mehr Privates, Intimes für das bisschen mehr Bequemlichkeit herzugeben?

Je mehr wir uns der wachsenden Bequemlichkeit in den gierigen Schlund werfen, desto schwieriger wird der Weg zurück zu einer starken Privatsphäre.
Er wird schwieriger - aber nicht unmöglich.
Darum an dieser Stelle mein dringender Aufruf:
Niemals aufgeben.
Oder wie Gordon Shumway es paraphrasiert:

> "Es ist selten zu früh und niemals zu spät."

Es könnte aber auch anders funktionieren...

Ein hehres Ziel beim Schreiben meiner Artikel ist es, auf einer positiven Note zu enden.
Andernfalls beschleicht mich das Gefühl, wie ein Weltuntergangsverschwörungstheoretiker zu klingen.
Und das will ich ja auch nicht.
So klingen.

Nein, ganz ohne Ernst.
Ich bin auch ein Mensch und ich hab es gerne bequem.
Schließlich meißle ich diese Artikel nicht auf Steintafeln, sondern nutze bequeme Onlinedienste, um meine Gedanken in alle Welt zu verteilen.

Von diesem Standpunkt ausgehend habe ich einige Ideen gesammelt, wie Bequemlichkeit und Privatsphäre vielleicht an der einen oder anderen Stelle zusammenkommen können.

- Ein *Intranet* der Dinge
  Also, gerne die ganze Heimautomatisierung, aber eben nur lokal. Wenn man denn *unbedingt* das Licht in der Speisekammer direkt aus dem Fernsehzimmer drei Etagen weiter oben dimmen will. Oder eben zentral alle Rolläden gleichzeitig runterlassen will - das wirkt dann wirklich ein bissel wie Zombie-Apokalypse (oder wenn die krummbucklige Verwandtschaft anrückt...).
  Ist alles prima bequem - und muss definitiv nicht im Internet hängen. Es ist wirklich kein sinnvoller Anwendungsfall, das Licht im Gästeklo per Smartphone vom Strand auf Ko Samui aus zu steuern. Isses nicht. Egal, was euch die Werbung einzuimpfen versucht.

- Ein Fitness-Tracker, der nur meine Fitness trackt und nicht meine Privatsphäre Es ist doch erstmal technologisch gesehen das einfachste Ding, die Daten nur dort zu erfassen und zu verarbeiten, wo sie entstehen.
  Der ganze Müll mit der Auswertung auf den Servern der Hersteller - und der Korrelation auf den Servern der 23 weiteren Datenkraken - trägt für den Nutzer nicht zur Verbesserung des ursprünglichen Zweckes des Fitness-Trackers bei.
  Jajaja, Wettkampf als Motivation und globale Vergleichswerte zur besseren Erfolgskontrolle, bla, bla, bla ... und weitere Hohlphrasen der Marketingabteilungen der Datenkraken.
  Ist alles nur leeres Gewäsch.
  Das Einzige, was wir aus diesen geschliffenen pseudo-wissenschaftlichen Behauptungen für uns herausziehen können ist die Erkenntnis, dass wir nicht der Kunde sind - sondern das Produkt.

Und somit den Datenkraken als Datenmine, die geschürft wird, dienen sollen.

Ein trauriges Beispiel dafür hat letztes Jahr der Kauf von Pebble durch fitbit[42] gezeigt.

Ich bin davon überzeugt, dass Pebble nicht aufgrund seiner innovativen Fitness-Trackern gekauft wurde, sondern um einen privatsphären-affinen Konkurrenten aus dem Rennen zu grätschen.

Traurig, denn Pebble kam schon recht nah an die Idee vom lokalen Fitness-Tracker heran.

Was in diesem Kontext gar nicht geht, sind die "*Wir lernen von den Verhaltensweisen der anderen Nutzer*" Dystopien.

Ich kann dann meine Deep-Learning-Wanze Alexa nicht um Rat fragen und erwarten, eine Antwort zu bekommen, die für mein Profil (basierend auf 7385 ähnlichen Anfragen aus meinem Freundeskreis) eine Eintrittswahrscheinlichkeit von 87,34 % hat.

Aber auch an dieser Stelle frage ich wieder: Wer braucht das schon?

Ich konnte mich auch früher ganz ohne Fashion-Tipps einer künstlichen Unintelligenz für die Klamotten entscheiden, die mir gefallen haben - und sonst keinem.

Schade, mein hehres Ziel wieder verfehlt...

Darum, liebe Leser, gebt euren Widerstand nicht auf - oder beginnt damit, ihn zu entwickeln.

Es gibt etwas da draußen, für das es sich lohnt, die Bequemlichkeit einzuschränken.

Wir wollen doch nicht alle aussehen und handeln wie die traurig daherschlurfenden und zentral gesteuerten Borg.

*Resistance is **not** futile!*

Wehren wir uns.

Schlangenöl

95% Erkennungsrate sind 100% verantwortungslos

TL;DR

- Homöopathie für Rechner: Gesundbeten und Handauflegen hilft mehr
- Numberfucking: Wir erkennen, was wir kennen
- Es gibt Hoffnung: Was tun - statt Schlangenöl?

In den kommenden vier Artikeln machen wir einen Ausritt in den Wilden Westen - dahin wo Versprechungen noch Versprechungen sind und wo echte Männer noch ihr Geld mit Lug und Trug verdient haben: mit dem Verkauf von Schlangenöl.

4. Abbildung:
Clark Stanley's
Snake Oil Liniment

Für unseren Ausflug brauchen wir weder eine Zeitmaschine noch ein ESTA-Formular.
Wir bekommen unser modernes Schlangenöl hier:
Im Wilden virtuellen Westen (und Osten) des digitalen Raumes.

Schlangenöl wurde ursprünglich während der Landnahme durch die Siedler im Nordamerika des späten 19. Jahrhunderts als Wundermittel gegen jedwede Krankheit verkauft, die den aspirierenden Pionier auf seinem Weg zum Glück ereilen konnte.
Und in eben dieser Tradition wird heutigen Tags digitales Schlangenöl in Form von Antiviren-Software dem digitalen Pionier als Allheilmittel gegen Schadsoftware in jeglicher Form angepriesen.

In dieser Reihe stelle ich vor, warum AV-Produkte eben Schlangenöl sind.
Ich werfe zunächst einen Blick auf die wohlklingenden Statistiken der Schlangenölbranche.
Im zweiten Teil betrachte ich einige Gründe, warum Schlangenöl nicht funktioniert.
Den dritten Teil widme ich dem grundlegenden Problem einer Vireninfektion: dem Menschen.
Und im abschließenden Teil gebe ich einen Ausblick darauf, was uns wirklich gefährdet - nämlich fliegende Robotersaurier aus der Zukunft!
Nein, nur Spaß.
Wir schauen uns an, wie unser Verhalten zu unserer Gefährdung beiträgt.
Die fliegenden Robotersaurier aus der Zukunft sind nur schmückendes Beiwerk.

So, jetzt holt sich jeder noch ein Eis und dann reiten wir los in den Wilden Westen und schauen uns diese Schlangenölsache näher an.

Gesundbeten und Handauflegen hilft mehr

Würden wir unsere Lebensmittel in dem Maße reinigen, wie Schlangenöl unsere Computer vor Viren schützen, dann hätten wir ein mächtiges Problem.

Denn Erkennungsraten von 95% bedeuten im Umkehrschluss, dass mindestens 5% aller Viren nicht erkannt werden.

Ich komme später auf diese Zahlen zurück.

Werfen wir inzwischen nochmals einen Blick auf unsere Lebensmittel.

Damit eine Kakaobohne als keimfrei anerkannt wird, muss sie eine Keimfreiheit von 99,9% aufweisen.

Bei pasteurisierter Milch wird die Keimfreiheit erst bei 99,999% angenommen - und selbst die hält nicht ewig, Milch wird schon nach einigen Tagen sauer.

Aber Erkennungsraten von nur 95%?

Und das sind, laut VirusBulletin[43], die Spitzenergebnisse der Schlangenöl-Branche.

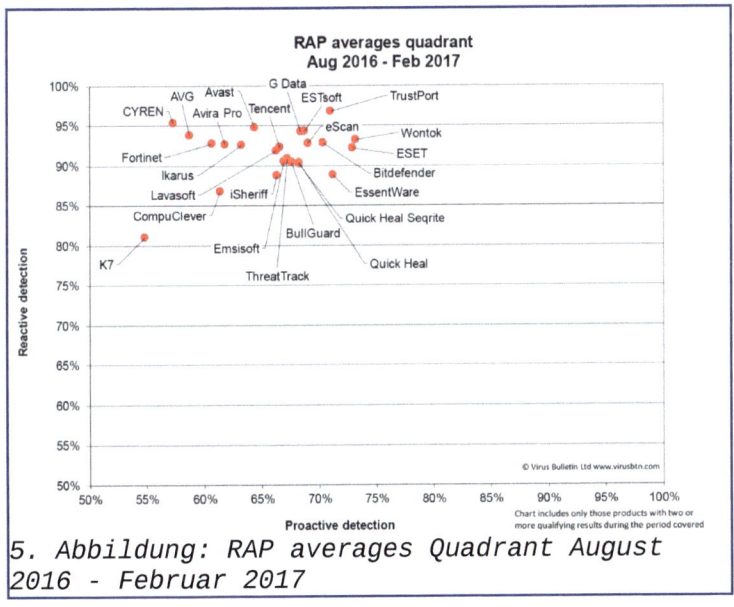

5. Abbildung: RAP averages Quadrant August 2016 - Februar 2017

Damit würde unsere Milch quasi direkt aus dem Euter heraus bereits sauer gemolken werden.

Betrachten wir die Zahlen mal aus der Nähe.

Die 95% Erkennungsrate sichert uns nicht zu, dass wir zu 95% unserer **Zeit** am Computer 100-prozentigen Schutz vor allem genießen, sondern dass von 100 **Schadsoftware-Programmen**, die uns angreifen, 95 entdeckt werden.

Fünf kommen durch.

Fünf infizieren unseren Rechner.

Einer reicht, um Schaden für uns anzurichten.

Ob wir uns jetzt dabei einen Banking-Trojaner, zwei Keylogger, eine Ransomware und eine Malware, die Bitcoins schürft, eingefangen haben, ist dabei zunächst egal.

Wenn wir die Infektion feststellen - was in dem einen Fall (Ransomware) schneller gehen kann als in dem anderen (Bitcoin-Mining-Malware) - ist die daraufhin folgende Aktion identisch:

Tabula rasa.

Neues Spiel - neues Glück.

Und diesmal vielleicht besser aufpassen.

Hatte ich von Anfang an kein Schlangenöl auf meinem Rechner, erwischt mich - weil ich halt doch einmal unvorsichtig war - auch ein Trojaner.

Gleiches Spiel:

System neu aufsetzen.

Von daher erkaufen wir uns für teures Geld - ja, Schlangenöl kostet Geld! - ein wenig "gefühlten" Schutz.

Ich rede hier nicht von den kostenlosen Lockangeboten, bei denen mir immer wieder Albert Einstein einfällt:

"Was nichts kostet, ist nichts wert."

Also zurück zu meiner Argumentationslinie.

Wir erkaufen uns für teures Geld die reine **Illusion** von Sicherheit.

Wenn wir uns Sicherheit im Wirkbereich des Schlangenöls kaufen wollen und uns nicht dem zusätzlichen Risiko, den wir durch den Einsatz von Virenscannern eingehen, aussetzen wollen, dann können wir auch einen Schamanen engagieren, der regelmäßig unsere Rechner gesund betet und seine Hand auflegt.

Das hat eine vergleichbare Wirkweise und ist sogar noch besser, da es die Angriffsfläche auf unseren Computer nicht zusätzlich erhöht.

Außerdem fördern wir möglicherweise noch die Akzeptanz von handauflegenden Schamanen.

Wir erkennen, was wir kennen

Wovon sprechen die modernen Quacksalber überhaupt, um uns in Angst zu hüllen und daraufhin unser Geld im Tausch gegen digitale Heilsversprechen entgegen zu nehmen?

Zum einen werden irrsinnig hohe Zahlen für alles mögliche geliefert:

> *"Im Schnitt verzeichnen die Experten der G DATA SecurityLabs alle 4.2 Sekunden eine neue Signaturvariante." - G DATA*

(Die Signatur ist quasi der Fingerabdruck eines Computerviruses)
Aber was hilft mir das - mein Virenscanner aktualisiert sich halt nur alle 12 Stunden mit neuen Virendefinitionen.

> *"61 % der Befragten haben Angst vor dem Verlust von Fotos und Videos." – Umfrage Acronis*

Ja und was hat das Bitte mit einem Virenscanner zu tun?

Liebe Schlangenöl-Verkäufer, ihr spielt hier mit den Ängsten von Anwendern, das ist nur in einer Richtung zielführend:

Nämlich euren Umsatz zu steigern.

"Fast 106 Mio. Spam-Mails pro Tag haben die Deutschen in 2015 empfangen. - Statista 2016

Hmm, tragisch, das sind knapp 1,3 Spam-Mails pro Tag für jeden Deutschen.

Jeder WhatsApp-Nutzer verbreitet im Schnitt geistigen Spam im Umfang von bis zu 600 Nachrichten pro Tag.

Stört auch keinen.

Ist das jetzt schlimmer?

Und auch hier wieder meine Frage:

Was hat das mit Virenscannern zu tun?

Nicht jede Spam-Mail ist per se virulent.

Salbungsvoll werden bei den Schlangenöllieferanten Erkennungsraten von 100% (und mehr!) suggeriert.

Ja - bei bereits bekannten Computerviren.

Etwas zu erkennen, dass ich bereits kenne, ist keine große Kunst.

Die Erkennungsrate von 100% bei bekannten Viren wird als Prognose auf die Zukunft gewertet.

Dies ist jedoch ein Trugschluss, denn - ähnlich wie Bakterien als Krankheitsauslöser - mutieren Computerviren; nur eben viel schneller.

Und jede neue Mutation muss neu erfasst werden - so kommen wir zu der hohen Frequenz bei der Erfassung neuer Signaturvarianten.

Allerdings schützt uns dies nicht - die Zeit zwischen der Erfassung einer neuen Virensignatur und der Aktualisierung des Virenscanners ist viel zu groß.

Die Infektion durch den neuen Virus kann in dieser Zeit nicht durch die vermeintliche Schutzsoftware verhindert werden.

Wir erkaufen uns mit Schlangenöl - für einen hohen Preis - ein Stück Bequemlichkeit und die Illusion von Sicherheit.

Bequemlichkeit, denn wir legen den Schutz unserer Daten und unserer

digitalen Identität in die Hände einer vermeintlich sicheren Software.
Illusion von Sicherheit, denn wir neigen dazu, unser gesundes Mißtrauen
zugunsten eben dieser vermeintlich sicheren Software aufzugeben.
Wähnen wir uns geschützt, so verhalten wir uns risikobereiter.
Wir beginnen, auf dem Drahtseil zu tanzen, die Tatsache ignorierend,
dass das Netz darunter nur aus leeren Versprechungen besteht.

Was tun - statt Schlangenöl?

Wieder ist mein Plan, mit Hilfe und Rat zu enden anstatt mit Heulen und
Zähneknirschen.
Also, was können wir tun?
Zunächst einmal, kritisch die Beweggründe der Schlangenölverkäufer
hinterfragen.
Diese verdienen Geld mit unserem Sicherheitsbedürfnis.
Je mehr Gefahren sie uns aufzeigen können, desto einfacher können sie
uns davon überzeugen, Geld für unsere gefühlte Sicherheit auszugeben.
Was hilft uns weiterhin?

- **Backup** hilft uns

  Wenn uns ein Computervirus erwischt, dann müssen wir unser
  System neu aufsetzen.
  Die offensichtlichste Notwendig dazu besteht, wenn ein
  Erpressungstrojaner unsere Daten verschlüsselt hat.
  Dann ist es ganz klar, dass wir unser System neu einrichten
  müssen.
  Und an dieser Stelle hilft es ganz deutlich, wenn wir ein Backup
  unserer Daten haben.
  Bei jedem anderen Virus sollten wir analog vorgehen - auch wenn
  die Auswirkung der Schadsoftware nicht so direkt und
  eindrücklich ist.
  Haben wir einen Virus im System gefunden, dann wollen wir
  diesen los werden.

Endgültig.

Und das schaffen wir mit den Neuaufsetzen unseres Systems.

- **Nachdenken**

Erst denken - dann klicken.

Dieser einfach Zwischenschritt vor dem unbedachten Klick auf einen Link in einer E-Mail bewahrt uns weitgehend vor unerwünschten digitalen Bewohnern unseres Computersystems. Die meisten Viren verbreiten sich immer noch per E-Mail - entweder als Link auf eine mit Schadsoftware präparierte Website oder über einen mit Malware verseuchten Anhang.

Wenn wir immer zuerst prüfen, von wem die E-Mail kommt und uns im Zweifel einfach beim Absender rückversichern, ob dieser wirklich einen Link oder einen Anhang verschickt hat, so bewahrt uns dies vor einigem Ungemach.

- **Achtsam handeln**

Hilft nicht nur für gutes Karma und einen 1-A-Platz direkt an der Softeismaschine im Paradies, sondern schützt uns auch vor der ein oder anderen unachtsam eingefangenen Schadsoftware.

Vieles lässt sich vermeiden, wenn wir einfach achtsamer durch unser digitales Leben gehen.

Es sind oft nur Kleinigkeiten, die den Unterschied zwischen der gesuchten Bank-Seite und einer bösartigen Phishing-Seite ausmachen.

Bei Links erweist sich dieses - zugegeben - unbequeme, aber sichere Vorgehen als guter Schutz:

Lieber einen Link händisch in den Browser eintippen, als ungeprüft einen Link klicken.

Ein Zitat von G DATA will ich hier noch nennen - und korrigieren:

"Heutzutage kommt kein Top-Antivirus-Produkt mehr ohne proaktive Technologien aus." - G DATA PC Malware Report H2/2015

Meiner Meinung kommt heute kein **Anwender** mehr ohne proaktives **Handeln** aus.

Das differenzierte Vorgehen und das zielgerichtete Handeln - was Proaktivität definiert - schützt uns weit besser vor Schadsoftware als dies jede Software könnte.

Lassen wir die Schlangenölhändler auf den Jahrmärkten des ausgehenden 19. Jahrhunderts zurück und nehmen den Schutz unser Privatsphäre und unserer digitalen Identität in die eigene Hand.

Digitale Selbstverteidigung schützt uns - auch vor Schlangenöl.

Warum AV nicht funktioniert

TL;DR

- Wunderbare Werbewelt: Was Schlangenöl alles kann - nicht!
- Nicht deine Baustelle: Was Schlangenöl anderen überlassen sollte
- Systematically broken: Das System ist kaputt - vergiss das System
- Was tun? Was tun? Was lassen?: Was hilft - was nützt - was wirklich schützt

Heute sammle ich einige Gedanken hinsichtlich Schlangenöl (und stelle diese auch vor - heute mal wirklich ausführlich...).
Meine These:
Antiviren-Software taugt nicht als System zum Schutz unserer IT-Systeme und damit unserer Daten.

Was Schlangenöl kann... nicht!

Zunächst einmal betrachten wir kurz, was AV - besser deren Hersteller - uns versprechen zu tun; vor welchen Gefahren sie uns bewahren wollen. Dieser Leistungsumfang - so ist mein Eindruck - geht mittlerweile weit über das klassische Virenscannen hinaus.
Ich schwanke an dieser Stelle schon zwischen den Gedanken

- *"Schuster, bleib bei deinen Leisten."* und
- *"Aha, ham se jetzt doch erkannt, dass AV nicht mehr der cybertechnischen Weisheit letzter Schluss ist?"*

Also, hier meine unvollständige Liste der vollmundigen Versprechungen, die uns die Schlangenölhersteller offerieren:

- Schutz vor Ransomware

- Schutz vor Zero-**Second** (es reicht hier augenscheinlich nicht mehr, von Zero-Day zu sprechen - es muss hier in **Ich-hab-aber-den-Längeren**-Manier noch einer draufgelegt werden) Angriffen
- Auto-Updater
- Daten-Shredder
- Sichere Zahlungen
- Passwort-Manager
- Anti-Spam
- Firewall
- Verhaltensschutz
- Blocking microfone and webcam access (Kaspersky): same shit as Samsung-TVs - wenn du den Bösen blocken willst, musst du **immer** überwachen
- Regulate the use of apps and check your childs location (überwachung pur!)

Na, da bieten die Schlangenölverkäufer doch fast die eierlegende Wollmilchsau an - es fehlt eigentlich nur noch, dass es auch das Auto waschen und die Hausaufgaben der Kinder kontrollieren kann.
Aber was nicht ist kann ja noch werden.

Wenn ich mir diesen Wust an versprochenen Funktionalitäten und dysfunktionalen Versprechungen betrachte, fühle ich mich an Smartphones erinnert:
Die versuchen sich auch an jeder möglichen und unmöglichen Funktion - und scheitern grundsätzlich an allem.
Ganz besonders an ihrer Grundfunktionalität:
der Telefonie.

Wenn man alles tun will, erreicht man im Endeffekt - gar nichts.

Ich will hier jedoch kein Marketing-Bashing betreiben - Werbung ist immer übertrieben.

Aber für mich ist die Grenze erreicht, wo es von schlichter Übertreibung zur Gefährdung der Anwender eines Produktes kippt.

Und ich sehe bei Schlangenöl diese Grenze als überschritten an.

Schlangenöl übertreibt nicht einfach nur, was es alles an Leistungen bietet - nein, der Einsatz von AV auf einem Computersystem schwächt dieses System und gefährdet damit den Anwender.

Was Schlangenöl anderen überlassen sollte

Ausgehend von der Liste der mannigfaltigen Versprechungen der Schlangenölbranche liefere ich jetzt sinnvolle und bessere Alternativen zu den einzelnen großspurigen Versprechungen der Alles-aus-einer-Hand-Lösungen.

- Daten-Shredder:

  Um Daten sicher - und unwiderbringlich - zu löschen, brauchen wir uns nicht in die Hände der Schlangenölbranche zu werfen.

  Es gibt für diesen Anwendungsfall dedizierte Lösungen, die diese Aufgabe schnell, effektiv und ohne den unnötigen Overhead einer Alles-in-Einem-Anwendung erledigen.

  Unter Windows empfehle ich hier DBAN[44] (Darik's Boot and Nuke)

  Für macOS und Linux können wir *shred* und *wipe* einsetzen.

- Sichere Zahlungen:

  Was wollen die Schlangenöler hier eigentlich anbieten?

  Das ist auch ein weiterer Punkt, der mich ungemein ärgert:

  Der Nutzer einer AV-Suite wird dumm gehalten.

  Anstatt zu erklären, worauf es denn bei sicheren Zahlungen im Internet ankommt - nämlich eine geschützte HTTPS-Verbindung mit einem gültigen und vertrauenswürdigem Zertifikat - verschleiert die AV-Lösung dieses Wissen vor dem Anwender und spiegelt dem unbedarften Nutzer vor, die Sicherheit käme durch das Schlangenöl.

Das ist aber nicht so.

Für die Sicherheit sind die Shop-Betreiber bzw. die entsprechenden Banken und Finanzdienstleister verantwortlich.

- Passwort-Manager:

Das ist ein Anwendungsfall, den wir auf **gar keinen Fall** dem Schlangenölhersteller als Aufgabe übertragen wollen.

Das wäre so, als würden wir einem dubiosen Sicherheitsdienst die Schlüssel zu unserem Haus, unsere Autoschlüssel, die Kreditkarten und unsere EC-Karte inklusive PIN überlassen.

Ein Passwort-Manager ist eine derart sensible Angelegenheit, die vertrauen wir maximal einer eigenständigen, vollständig offenen und definitiv offline arbeitenden Anwendung wie KeePass[45]/KeePassX[46] an.

Wenn wir unsere Passwörter einer "Rundum-Glücklich"-Lösung wie Schlangenöl anvertrauen, dann wissen wir schlicht und ergreifend nicht, was mit den Daten passiert.

Schlangenöl ist Closed Source - wir können die Quelltexte nicht einsehen - und wir haben dadurch einfach keinen Einblick in das, was im Hintergrund mit unseren Daten geschieht.

Darüber hinaus ist eine AV-Lösung dauerhaft mit dem Internet verbunden (ansonsten funktioniert das ganze Spiel nämlich nicht) und wir haben keine Kontrolle darüber, **welche** Daten **wohin** gesendet werden.

Vertraue niemandem!

Agent Mulder hat damit ja so recht.

- Firewall:

Eins haben inzwischen alle Hersteller von Betriebssystemen verstanden, nämlich die Notwendigkeit, dass eine Firewall Bestandteil des Betriebssystems sein sollte - und generell bereits ist.

Ist es das nicht, lässt es sich einfach als eigenständige Lösung nachträglich installieren.

Das ist einfach keine der Aufgaben, die von einer Schlangenöllösung übernommen werden sollte.

Nehmen wir einmal den folgenden - gar nicht so weit hergeholten - Fall an:

Ein System wird von AV (inklusive Firewall) "geschützt".

Ein Angreifer schafft es, diese AV ausser Kraft zu setzen (was oft einer der ersten Schritte ist, die ein Angreifer ausführt).

Dadurch setzt der Angreifer die (quasi "integrierte") Firewall ebenfalls ausser Kraft.

Schade.

Wäre die Firewall eine eigenständige Anwendung, hätte es der Angreifer bedeutend schwerer, diesen echten Schutzfaktor auszuschalten.

Wenn der Angreifer die AV ausschaltet, ist die Firewall grundsätzlich mal nicht automatisch mit betroffen (es sei denn, es handelt sich eben nicht um eine eigenständige Lösung).

- Anti-Spam:

  Der Schutz vor Spam-Mails ist ein weiteres Beispiel dafür, dass die Schlangenölhersteller (wie so viele andere auch) mittlerweile im Revier anderer Software-Hersteller wildern.

  Anti-Spam wird dort eingesetzt, wo Spam auftritt:

  Im Mailclient.

  Und dieser kümmert sich bestenfalls auch genau darum.

  Jeder Mailclient - sei es Outlook, Thunderbird oder welcher Mailclient auch immer den Postdienst versieht - er hat bereits die eine oder andere Anti-Spam-Implementierung eingebaut.

  Dafür brauchen wir keine Schlangenöl-Suite.

  Brauchen wir einfach nicht.

- Verhaltensschutz:

  Achja, bei Verhaltensschutz muss ich irgendwie an die "No

loitering"-Schilder denken.

Verhaltensschutz wird zunehmend auch im Bereich Video-Überwachung getestet - und funktioniert dort ebenso schlecht wie beim Schlangenöl.

Beim "Verhalten" ist eines der Hauptprobleme, dass "normgerechtes" Verhalten erst mal definiert und programmiert sein muss, um Auffälligkeiten im Verhalten zu erkennen.

Und da fängt das Problem schon an.

Was ist denn "normgerechtes" Verhalten (Bereich Video-Überwachung) eigentlich genau?

Wenn jemand humpelt (sich also möglicherweise außerhalb der "Bewegungs-Norm" bewegt), gibt es dann Grund zur Sorge?

Ist derjenige dann potenziell gefährlich?

Vielleicht weil er schwer an seinem Bombenrucksack trägt, oder weil er ein Steinchen im Schuh hat?

Oder doch, weil er (oder sie) sich im engen Schuhwerk Blasen gelaufen hat?

Wenn jemand auf dem Boden sitzt, "loitert" er dann gerade (rechtswidrig) oder ruht er sich vielleicht nur aus?

Und genauso verhält es sich mit Software.

Was ist denn hier schon verhaltensauffällig, was ist noch normales Verhalten?

Ich finde ja den Datenhunger von Anwendungen wie WhatsApp extrem verhaltensauffällig - dies sieht Schlangenöl jedoch anders.Und auch an anderer Stelle können wir etwas über "Verhaltensprüfung" lernen - Dieselgate.

Die Softwaresteuerung von Dieselmotoren erkannte ganz zuverlässig, wenn diese sich im Prüfungsmodus befanden - und haben sich dann ganz unauffällig verhalten.

Und wir können wohl annehmen, dass dies den Herstellern von

Schadsoftware auch gelingt - und der Prüfung durch Schlangenöl ganz normgerechtes Verhalten präsentiert.

- Webcam- und Microphone-blocking:

Ja, jetzt wird's ja ganz gruselig - nun will das Schlangenöl also das überwachen, was ich möglicherweise komplett verhindern will: Das ungewollte Ausnutzen von Webcam und Mikrofon.

Das ist keine Funktion, die wir - ich wiederhole mich - einer Software überlassen, die Closed Source ist und dauerhaft am Internet hängt und wir nicht wissen, **wann** diese Daten überträgt und **wohin**.

Bei SmartTVs klemmen wir diese Funktion ja auch vollständig ab - weil wir nicht wollen, dass wir **rund um die Uhr** abgehört oder beobachtet werden - und jetzt sollen wir diese Kontrolle einer Software überlassen, von der wir nicht wissen, was sie im Hintergrund so alles macht?

Niemals! sage ich.Nochmals zur Erklärung:

Damit eine Software mitbekommt, wann jemand - unberechtigt - Zugriff auf Funktionen meines Computers hat, muss diese Software die Funktion (in diesem Fall Webcam und Mikrofon) **dauerhaft** selbst überwachen.

Das will ich nicht.

Der beste Schutz vor Beobachtung durch meine Webcam ist es, diese einfach abzukleben.

Ganz analog.

- Kinder überwachen:

Also, wenn ich damit anfange, die Anwendungen und Geräte meiner Kinder zu überwachen, warum dann nicht gleich so weit gehen und ihnen einen Chip implantieren?

Das hat nichts mit Sicherheit zu tun - das ist neurotischer Überwachungswahn, erwachsen aus einem falsch verstandenen Wunsch, unsere Kinder vor Schaden zu bewahren.Aber so funktioniert das nicht.

Mit diesem eklatanten Verstoß gegen die Privatsphäre unserer Kinder und einem kaum wieder gut zu machenden Vertrauensbruch treiben wir unsere Kinder mit einem derartigen Verhalten nur noch weiter von uns fort.

Wir müssen Kinder begleiten und durch das Vorleben von beispielhaftem Verhalten zu selbstbewussten Nutzern digitaler Kommunikationsmittel erziehen.

Wir dürfen sie nicht durch Angst und Misstrauen zu obrigkeitshörigen Sicherheitsfanatikern verbiegen.

- Sandboxing

Unter Sandboxing verstehen wir das Ausführen verdächtiger Dateien in einem geschützten Bereich - eben einer Sandkiste.

Wir denken dabei nicht an eine Sandkiste im Kontext von Förmchen und Sandkuchen (auch nicht **den** Sandkuchen - verfressene Bande!).

Sondern wir stellen uns dabei eine Sandkiste im Hinblick auf Blindgänger und Entschärfung von illegalen Feuerwerkskörpern vor.

Kra-Wumm! eben.

So eine Sandkiste haben wir im Hinterkopf, wenn wir von "Sandboxing" reden.

Das Sandboxing ist aktuell der neueste "heiße Scheiß" der Schlangenölbranche - und war ursprünglich als der Heilsbringer beim Schutz gegen Schadsoftware gedacht - und wurde dann in der Branche rumgereicht wie der heilige Gral.

Dummerweise eben der schön verzierte, golden glänzende.

Und wir wissen ja, was mit Walter Donovan passierte, als er vor Indiana Jones aus diesem Becher getrunken hat...

Der heilige Gral der Schlangenölbranche - äh, moment, die Sandkastenspiele - haben vier Probleme.Raum, Zeit, interdimensionale Wurmlöcher und schlechte Laune.

Nee, das jetzt nicht - also ist das zumindest noch niemandem auf die Füße gefallen.**Das erste Problem** von Sandboxing ist die Erkennung von Malware, die ich in der Sandbox detonieren will (das heißt wirklich so - kein Spaß).

Wir können ja schließlich nicht alles erst in der Sandbox ausführen, um bei 95% der Dateien festzustellen, ah ja, alles in Ordnung.

Pack deine Förmchen zusammen, raus aus der Sandkiste, genug gespielt - die nächste Datei bitte.

Also brauchen wir hier wieder - ja, richtig - eine Verhaltenserkennung.

Und die ist nachgewiesener Maßen miserabel.

Was zur Folge hat, dass wir entweder mehr Dateien prüfen müssen (kostet Zeit) oder uns Schadsoftware durchrutscht (kostet auch Zeit - nur eben etwas später - und unsere Daten).

Beides blöd.**Das zweite Problem** dabei ist, dass Schadsoftware erkennt[47], dass es in einer Sandkiste spielen soll.

Und was macht die Schadsoftware?

Ist ja nicht blöd, hat sich vorher mit seinen Kumpels über Dieselgate unterhalten und versteckt sein schadhaftes Verhalten (und grinst dabei schändlich).

Ergo, Sandkiste bringt wieder nix.

Und das dritte Problem - so eine Sandkiste ist eben auch nicht vollkommen sicher.

Da fliegen beim Bomben entschärfen schon mal Splitter aus der Sandkiste raus - da will man am liebsten möglichst weit entfernt sein, sonst kann das böse ins Auge gehen.

Und solches Verhalten (Ausbüchsen aus der Sandkiste, "Splitterwirkung" und ähnliches) kann Schadsoftware mittlerweile auch.

Und nicht nur Splitterregen.

Sicherheitsforscher haben mittlerweile erfolgreich den Ausbruch[48] von Schadsoftware aus einer Sandbox nachgewiesen.

Und dann ist die Schadsoftware halt mal ganz eifrig in unserem ganzen System zugange.**Das verheerendste Problem** von Sandboxing sitzt jedoch vor dem Computer.

Der Anwender.

Dieser lässt sich nämlich gestützt von der Fehlannahme, er sei jetzt durch eine Sandbox vor den schadhaften Auswirkungen von Malware geschützt, zu unsicherem und nachlässigen Verhalten verführen.

- Auto-Updater

Ach, seufz.

Was für eine hanebüchene Idee (vermutlich mal wieder der Bequemlichkeit wegen).

Ein Autoupdater.

Für alle Programme.

Da kann ich mir gar nicht vorstellen, was da schief gehen soll.

Zum einen legt dieses Vorgehen wieder zuviel Macht in eine Hand.

Warum soll jetzt meine AV-Suite entscheiden, wann die Software auf meinem System aktualisiert wird?

Das sollen die Programme selbst erledigen - die wissen am Besten, wann eine neue Version erschienen ist.

Zu behaupten, AV könne dies schneller erledigen als die Hersteller der jeweiligen Programme, muss zwangsläufig gelogen sein, wer könnte dies wohl besser als der Hersteller ???"*Mit dem automatischen Software Updater sind Sie den neuesten Updates Ihrer anderen Apps voraus.*" - Avast- das ist einfach eine vollkommen lächerliche und haltlose Werbelüge.

Was ist, wenn die AV plötzlich einfach böse wird und schlicht

behauptet, es gibt keine Updates für meine Programme?
Oder plötzlich gefälschte Updates verteilt?
Man würde dies als Anwender spät - oder gar nicht bemerken.

Ich habe mehrfach als Alternative zu einigen Ideen der
Schlangenölbranche dedizierte Lösungen empfohlen.
Dies hat natürlich zur Folge, dass wir Bequemlichkeit einbüßen - aber wir
gewinnen viel mehr dafür.
Wissen und Kenntnis.
Und das sind die wahren Waffen, die uns im Kampf gegen Schadsoftware
helfen.

Das System ist kaputt - vergiss das System

Was aber sind die grundlegenden Probleme, weshalb Antiviren-Software
nicht funktioniert?
Ich breche es auf die folgenden sieben Punkte herunter - die sieben
Systemschäden.

1. **Signaturbasiert erkennt nur Bekanntes**
   Klassischerweise erkennt Schlangenöl Schadcode dadurch, dass
   diese Schadsoftware von AV-Herstellern entdeckt wurde.
   Daraufhin bekommt dieser Schadcode eine Signatur - einen
   eindeutigen Identifikator.
   Diese Signatur wird an die Anwender des Antivirenprogramms
   per online-update verteilt, etwa zwei- bis viermal täglich.
   Damit sind die AV-Programme in der Lage, neu entdeckte
   Schadprogramme zu erkennen.
   Und das ist das Problem.
   AV erkennt nur Bekanntes.
   Eine Schadsoftware muss als solche erkannt und katalogisiert
   werden - alle anderen Verfahren (Verhaltensbasiert und
   Heuristiken - also Berechnungen von möglicher Schadhaftigkeit)

sind einfach zu ungenau und führen entweder zu Fehlalarmen oder lassen Schadcode unerkannt passieren.

2. **Signatur-Updates sind zu langsam**
Dieses Problem hängt mit dem ersten Problem von AV zusammen.
Die Zeitspanne zwischen Entdeckung einer neuen Schadsoftware und der Verteilung neuer Signaturen ist viel zu groß.
Selbst im theoretischen kurzen Update-Intervall von zwei Stunden ist diese Zeitspanne lang genug, um selbst vermeintlich AV-geschützte Systeme mit dieser neuen Schadsoftware zu infizieren.
Wir müssen im Hinterkopf behalten, wir bewegen uns im Internet.
Ein weltumspannendes Netzwerk von Computernetzwerken, in welchem Daten in Sekunden übertragen werden können.
Und dies nutzen die Hersteller von Schadsoftware aus.
Erkannt wird ihr Schadcode (früher oder später).
Aber der kurze Zeitraum zwischen Erkennen der Schadsoftware, Erstellen der Signatur und Update reicht aus für eine Infektion.

3. **Codesigning ist auch keine Lösung**
Codesigning - das "Unterschreiben" von Software - ist eine weitere angebliche Wunderwaffe der Software-Hersteller.
Dabei soll sichergestellt werden, dass geprüfter und schadsoftwarefreier Code durch eine "Unterschrift" im Quelltext als sicher eingestuft wird.
So eine im Quelltext signierte Software wird von AV besonders wohlwollend betrachtet und nahezu ungeprüft durchgewunken.
Leider wurde das System Codesigning schon erfolgreich gebrochen[49].
Dabei wurde unter einer gültigen Signatur Schadsoftware verteilt.
Und damit hebelt man das System AV vollständig aus.

4. **Schlangenöl ist Software**
Und Software schwächt das System.
Klingt fies, ist es auch.

Aber wir müssen immer im Auge behalten, dass **jede** Software Fehler hat.

Und Fehler werden von Angreifern ausgenutzt, um Schadsoftware in das angegriffene System zu bringen.

Je mehr Software wir auf unserem System haben, desto mehr Angriffspunkte geben wir preis.

Und AV ist ein Softwareprodukt.

Und dieses enthält eben auch Fehler.

Und AV hängt **dauerhaft** im Internet und bietet dadurch noch **mehr** Angriffspunkte.

Und je umfangreicher die Funktionalität der AV-Suite wird, desto mehr Fehler enthält sie und desto größer ist die Angriffsfläche.

5. **Systematischer Fehler "always on"**

Die notwendige dauerhafte Verbindung ins Internet, um stets die aktuellsten Signatur-Updates zu bekommen, ist ein systematischer Fehler bei AV-Programmen.

Diese dauerhafte Verbindung führt selbst bei (gerade aufgrund von hohen Sicherheitsanforderungen explizit vom Internet getrennten) Systemen zu Angriffsszenarien.

Denn selbst bei solchen "airgapped" genannten Systemen gibt es oftmals - in Hinblick auf die erhöhten Sicherheitsanforderungen - Ausnahmen für Schlangenöl.

Denn Schlangenöl bringt gar nichts mehr - das wissen die Anwender - wenn die Signaturen veraltet sind.

Also darf - selbst bei airgapped Systemen - AV dauerhaft am Internet nuckeln.

Und dieses Schlupfloch wird ausgenutzt - nicht etwa, um Schadsoftware **in** das System zu bringen, sondern um vertrauliche Daten **aus** dem System zu stehlen[50].

Herzlichen Glückwunsch, Schlangenölhersteller, da habt ihr die Sicherheit ja phänomenal erhöht.

6. Wer online prüft, verliert - Daten

Das jüngst bei dem Schlangenölhersteller Carbon Black aufgetretene Datenleck[51] zeigt eine weitere Lücke im System AV. Carbon Black - und auch andere AV-Hersteller - laden **verdächtige** Dateien zur weiteren Prüfung in die große Datenwolke hoch.

Solche cloudbasierten Prüfungen haben den immensen Vorteil, dass angemietete Rechenkraft die Prüfung deutlich beschleunigt.Und sie haben den irrsinnigen Nachteil, dass es einfach Rechner anderer Leute sind, die hierzu eingesetzt werden.Jetzt müssen wir nur noch in unserem vermeintlich hochsicheren System dafür sorgen, dass eine vertrauliche Datei, die ich stehlen will, als *verdächtig* eingestuft wird.

Schon wird mir diese Datei quasi auf meinem Wolkenteller präsentiert, weil sie ja zur cloudbasierten Prüfung hochgeladen wird.

Dort muss ich mir diese Datei nur noch abholen.

Vielen Dank, liebe Schlangenölhersteller, jetzt muss ich bei meinen Zielpersonen gar nicht mehr in ihr System einbrechen - ihr liefert mir die Daten frei Haus.

7. Es ist der Schlangenölbranche einfach egal

Wie sagt es Quark bei Deep Space Nine so treffend:

"Krieg ist gut fürs Geschäft."

Warum sollte die Schlangenölbranche denn an einer Lösung des Problems interessiert sein? Solange das Problem Schadsoftware existiert, verdient die Schlangenölbranche mit. Je mehr Schadsoftware, desto besser.

Und vielleicht stecken ja wirklich die Ferengi hinter der Schlangenölbranche.

Mit Angst lassen sich noch am besten Waffen verkaufen.

Was hilft - was nützt - was wirklich schützt

Ich gebe meinen Vorsatz, meine Artikel auf einer positiven Note enden zu lassen, nicht auf.

Heute wird es klappen; hier kommen einige Ideen, was uns wirklich schützen kann - ganz ohne Schlangenöl.

- **Weniger** (Software) **ist mehr** (Sicherheit)

  Weniger Programme bedeuten eine geringere Angriffsfläche und dadurch eine erhöhte Sicherheit.

  Deswege empfehle ich programmatischen Minimalismus. **Beschränk dich auf das Notwendigste, sicherheitsaffiner Leser!**

- **Digitale Hygiene**

  Accounts, die wir nicht benutzen, löschen wir.

  Was wir nicht haben ... kann uns nicht schaden

  (Es reimt sich. Und alles, was sich reimt, ist gut!)

- **Uffpasse!**

  Augen auf im Datenverkehr - und Hirn einschalten.

  Erst nachdenken, dann klicken.

  Unsere digitale Achtsamkeit ist der allerbeste Schutz unserer Daten und unserer digitalen Identität.

  Weiterbilden, lernen, nachfragen und verstehen - dies sind die wirksamsten Schutzschilde für uns.

Wer sich bis hierher durchgekämpft hat - Glückwunsch!

Meinem Versprechen, auf einer positiven Note zu enden, füge ich an dieser Stelle auch das Versprechen hinzu, mich künftig kürzer zu fassen. (wers glaubt...)

Und heute zum Abschluss mein klarer Aufruf:

Gehet hin und löschet euer Schlangenöl von euren Systemen!

Hinfort! Vade retro, satanas!

Gefühlte Sicherheit ist ein echtes Risiko

TL;DR

- Der Mensch steht im Mittelpunkt - und damit der Technik im Weg: Der Mensch - die Sollbruchstelle in der digitalen Datenschutzkette
- Sicherheit ist ein Gefühl: Gefühlte Sicherheit ist ein echtes Risiko
- Hommage ans Lutherjahr: AV-Software als moderner Ablassbrief
- Es geht hier um Wissen - nicht um bloßes Vertrauen: Blindes Vertrauen in Technik macht uns blind im Handeln
- Analogie im Alltag: Straßenverkehr und Führerschein
- Some Good Things: Was also kann ich tun?
- Ending on a positive note: Was also kann ich tun?

Heute sammle ich meine Gedanken zum größten Risiko, welches Schlangenöl für uns Nutzer darstellt:
Unser falsches Gefühl von Sicherheit, wenn wir eine AV-Lösung als Teil (oder noch schlimmer - als einziges Element) unserer Sicherheitsstrategie einsetzen.

Habe ich in meinem letzten Artikel die technischen Unzulänglichkeiten von Schlangenöl dargestellt, konzentriere ich mich heute auf das mit Abstand schwächste Glied der Sicherheitskette beim Schutz unserer digitalen Habseligkeiten.
Uns.
Den Nutzer, das nicht zu kontrollierende Element zwischen Tastatur und Schreibtischstuhl.

Der Mensch - die Sollbruchstelle in der digitalen Datenschutzkette

Wir können noch so viel technische Schutzmaßnahmen, politische Regelungen und gesellschaftliche Vereinbarungen einsetzen, dass wir uns im technisch-regulatorischen Dickicht verlieren - wenn der Mensch nicht vermag, nicht versteht oder schlicht nicht will, werden all diese Maßnahmen nicht wirken.

Oder noch schlimmer, sie werden die Situation seiner Daten schlicht verschlimmern.

Der Mensch ist letztendlich der alles entscheidende Faktor beim Schutz (oder eben beim Verlust) seiner Daten.

Wir können versuchen, mit technischen Mitteln ein Korsett von Sicherheitsmaßnahmen um unser digitales Handeln zu schnüren.

Aber wir werden es niemals schaffen, alle menschlich-irrationalen Handlungen automatisiert abzufangen.

Wenn der Mensch aus Unkenntnis, Unwissenheit oder Unwillen diese technischen Maßnahmen umgehen will, wird ihm das gelingen.

Ob an dieser Stelle jetzt die tatsächliche (oder auch nur die gefühlte) Unbequemlichkeit - oder der reine Wille, gegen eine technische Bevormundung zu rebellieren - steht, ist vollkommen belanglos.

Mir ist wichtig, hier klar zu vermitteln, dass wir als Mensch sowohl das Vermögen als auch die Pflicht haben, unsere digitale Identität zu schützen.

Werkzeuge, auf die wir vertrauen und die wir zum Schutz unserer Daten einsetzen, sind nur so gut wie das Wissen des Nutzers um dieses Werkzeug.

Ein Hammer ist ein fantastisches Werkzeug.

Allerdings nur für jemanden, der weiß wie man mit einem Hammer umgehen muss.

Für jemanden, der sich nicht mit der - zumindest grundlegenden - Funktionsweise eines Hammers auskennt, ist ein Hammer bestenfalls nutzlos.

Schlimmstenfalls ist ein Hammer eine sehr gefährliche Waffe - sowohl gegen den Anwender eines Hammers als auch alle anderen Umstehenden.

Was können wir nun - schlussfolgernd aus diesen Zeilen - tun, damit wir uns nicht ständig den digitalen Hammer beim Versuch, unsere Daten diebstahlgeschützt an unsere sichere Zimmerwand zu nageln, auf den virtuellen Daumen hauen?

Wir können uns weiterbilden.

Wir können lernen, wie wir selbstverantwortlich mit unseren Daten umgehen.

Oder wir können Verzicht üben.

Wir legen den digitalen Hammer beiseite, nageln unsere Daten nicht mehr an alle möglichen öffentlichen Wände und beschränken uns darauf, einfach weniger zu tun.

Das ist ein legitimes Vorgehen.

Niemand **zwingt** uns, auf jeden durch den Bahnhof des digitalen Weltdorfes rasenden Hype-Zug aufzuspringen.

Wir **müssen** nicht jede neue technische Möglichkeit ausschöpfen, um mit den Menschen, die uns wichtig sind in Kontakt zu bleiben.

Wir haben die Wahl.

Aber wenn wir uns dazu entscheiden, technisch modern und digital hochgerüstet zu agieren - dann haben wir auch die Pflicht und Schuldigkeit, zu **verstehen,** was wir tun.

Deswegen mein Aufruf an dieser Stelle:

Bilden wir uns weiter.

Gefühlte Sicherheit ist ein echtes Risiko

Der Hauptaspekt, den ich in diesem Artikel beleuchten will, ist das Risiko, welchem wir uns aussetzen, wenn wir vermeintliche Sicherheitstechnologien wie AV-Software unreflektiert einsetzen.

Wenn wir uns als Nutzer einer solchen Sicherheitssuite auf die Werbeversprechen der Schlangenölhersteller blind verlassen, lassen wir uns auf einen Tanz im Minenfeld ein.

Mit verbundenen Augen.

Und mit Kopfhörern auf den Ohren.

Und mit Schneeschuhen an den Füßen.

Es ist eine tödliche Illusion von Sicherheit, der wir uns digitaltechnisch hingeben.

In dem Gefühl vermeintlicher Sicherheit erliegen wir allzu leicht der Tendenz, gänzlich unsicheres Verhalten zu etablieren.

Wenn wir allzu unreflektiert einem System, einer Technologie vertrauen, dann ist dieses Verhalten stets zu unserem Schaden.

Wir sollten immer hinterfragen, was der Lieferant des Systems (oder der Technologie) davon hat, uns dieses System zur Verfügung zu stellen.

Ausser Geld damit zu verdienen.

Weiterhin tun wir gut daran, wenn wir etwas über die Wirkungsweise dieses Systems lernen und damit besser verstehen, wie - und ob überhaupt - dieses System für uns zuträglich ist.

In unserem konkreten Fall geht es hier um die Wirkweise von AV-Systemen - deren Schwächen habe ich in meinem letzten Artikel dargestellt.

Wenn wir nun Kenntnis darüber haben, wie AV unsere Systeme schützt und welche Lücken es hat, dann sind wir in der Lage, eine fundierte Entscheidung darüber zu treffen, wie sehr wir dieser Technologie trauen und ob wir einem solchen System unsere Daten anvertrauen wollen.

Hinterfragen wir nicht und vertrauen wir lediglich den Werbeaussagen der Hersteller, dann sind wir nicht weiter als unsere altehrwürdigen

Vorfahren, die Blitz und Donner auf den Zorn der Götter zurück führten.
Mir ist klar, dass die Sichtweise, alles kritisch zu hinterfragen, was wir
nutzen, deutlich mehr Zeit in Anspruch nimmt, als Aussagen von
Werbung und Politik unkritisch anzunehmen.
Aber wenn wir beginnen, uns mit den Aktivitäten und Anwendungen
unseres täglichen Lebens bewusst auseinander zu setzen, dann gewinnen
wir mehr, als es uns an Zeit kostet:

*Wir gewinnen Freiheit, Erkenntnis und die
Selbstbestimmung über unser Leben.*

AV-Software als moderner Ablassbrief

Gerade jetzt aktuell im Lutherjahr - da drängt sich der Vergleich von
Schlangenöl zu den Ablassbriefen der vorreformatorischen
Kirchengeschichte förmlich auf.
Mir erscheint das Verhalten der Nutzer von AV-Software vergleichbar zu
sein mit dem Lebenswandel von solventen Kirchgängern der
vorlutherischen Zeit:
Mächtig die Sau rauslassen, anschließend einen Ablassbrief kaufen und
damit die Seele wieder freikaufen - Verzeihung, reinwaschen.
Die erklecklichen Lizenzgebühren für Schlangenöl scheinen mir an dieser
Stelle das analoge Verhalten bei den Nutzern auszulösen:
Zahle ich schon Jahr für Jahr meine Ablassgebühren an die
Schlangenölhersteller dann kann ich ja wohl auch unbesorgt im Internet
herumsudeln - ich bin ja geschützt und meine Seele - respektive meine
Daten - bleiben rein.
Beides - Ablassbrief und AV-Software - gehen auf ein verschobenes
Verständnis hinsichtlich unseres Verhaltens zurück.
Wir können uns nicht von Schuld freikaufen - wir müssen zu dem stehen,
was wir tun.
Verhalten wir uns unmoralisch, dann müssen wir mit den Konsequenzen
leben - wir können unsere Seele nicht von Schuld freikaufen.

Martin Luther hat das folgerichtig erkannt und den Ablasshandel angeprangert - ganz wortwörtlich. Verhalten wir uns im Internet datenunmoralisch, dann müssen wir lernen, mit den Folgen umzugehen. Auch hier schützt uns kein moderner Ablassbrief in Form von Lizenzgebühren an Schlangenölverkäufer.

Das müssen wir - 500 Jahre nach Martin Luther - wohl erst erneut schmerzhaft lernen.

Wir können uns nicht **freikaufen** von unserem Fehlverhalten.

Aber wir können lernen, Fehlverhalten zu vermeiden und uns statt dessen datenmoralisch gut zu verhalten.

Blindes Vertrauen auf Technik macht uns blind im Handeln

Wenn wir blind darauf vertrauen, dass die Technik uns schützt, führt dies zu blindem und unvorsichtigem Handeln.

Es **kann** sein, dass wir ungestreift durch das virtuelle Minenfeld navigieren - schließlich findet ja auch das blinde Huhn seinen Korn und höhere Fügung mag uns auch leiten - gleichwohl, ich glaube nicht daran.

Blindes Vertrauen in dieser virtuellen Welt ist offenen Auges ins Verderben zu wanken.

Wir müssen wachsam sein - das ist der Preis für unsere Privatsphäre. Technikgläubigkeit ist Verantwortungslosigkeit.

Wir können natürlich so handeln - aber dann dürfen wir nicht jammern, wenn unsere Privatsphäre geraubt wird und wir unsere Freiheit verlieren.

Wenn wir im Auto einen Sicherheitsgurt anlegen, heißt das auch nicht, dass wir immer mit 180 km/h über die Straßen rasen können.

Vertraut nicht blind auf die Technik - seid achtsamer im digitalen Miteinander.

Weil alles schnell gehen kann, heißt das nicht, dass wir alle Vorsicht außer acht lassen sollen.

Straßenverkehr und Führerschein

Was hat das mit Schlangenöl und echtem virtuellem Risiko zu tun? Für den einen Bereich benötigen wir eine Fahrerlaubnis, vorherigen Unterricht und eine bestandene Prüfung - für den anderen Bereich können wir ohne jede Ahnung, Ausbildung und Information einfach mal loslegen - und uns dabei schlimmstenfalls vollkommen nackt machen.

Mir ist es schleierhaft, warum wir eine Technologie, die unsere gesamte Identität und unsere Zukunft beeinflussen, verändern und sogar massiv schädigen kann, vollkommen ohne den Nachweis von Grundkenntnissen einsetzen (dürfen).
Aktuell fordert die Gesellschaft einen derartigen Privatsphären-Führerschein nicht.
Aber wir können uns selbständig weiterbilden - oder bei mir etwas Analoges erlernen.

Das heißt nicht, dass wir jetzt alles allein lernen müssen - wir können jemanden fragen.

Was also kann ich tun?

Eines von zwei Versprechen aus meinem letzten Artikel halte ich ein: Ich ende auf einer positiven Note!
Wer es bis hierher geschafft hat, der hat ein geistig-moralisches Gutsele in Form von Empfehlungen verdient. Was also können wir tun, um sicher im Internet unterwegs zu sein, ohne uns auf die Technik-verliebte Schlangenöllösung zu verlassen.

- Nachdenken:
  Innehalten und Gehirn einschalten - anstatt jeder Verlockung im Internet unreflektiert zu folgen.
- Nachprüfen:
  Stellen wir uns die folgenden Fragen, bevor wir auf einen Link klicken oder den Anhang öffnen.

1. Kenne ich den Absender?
2. Passt der Anhang?
3. Zeigt der Link auf die Seite, die ich erwarte?

- Nachfragen

Und wenn etwas unklar ist, einfach nachfragen.

Ein kurzer Anruf beim Absender genügt, um zu prüfen, ob die E-Mail mit dem unerwarteten Anhang wirklich von diesem Absender kommt.

Wenn etwas unklar ist - schickt mir eine Mail[52].

Wir können nicht alles wissen - und selbst wenn wir einen Führerschein gemacht haben - wissen wir immer noch nicht alles über Autos und den Straßenverkehr.

Auch hier haben wir die Möglichkeit, einfach nachzufragen - warum sollten wir dies im Bereich Informationsverarbeitung nicht in dieser Form praktizieren?

Der IT-Bereich ist schließlich viel komplexer - und betrifft darüber hinaus auch deutlich mehr Gesellschaftsbereiche als der Straßenverkehr.

Und wieder mein Aufruf:

Erhebt euch aus eurer selbstverschuldeten Unwissenheit.
Macht euch Gedanken, bildet euch weiter.
Ihr seid eurer bester Schutz vor Identitätsdiebstahl und Freiheitsverlust.

Was uns wirklich gefährdet

TL;DR

- Was Schlangenöl nicht kennt, kann dir trotzdem schaden: Vor einem Zero-Day kann dich keine Software schützen
- Ransomware: Verschlüsselt und verraten
- Updates: Wer nicht up-to-date ist handelt fahrlässig
- Trügerische Verweise: Links, zwo-drei-vier!
- Der Anhang, das gefährliche Wesen: Nicht öffnen!
- Es ist nicht alles Chef, was danach aussieht: Obrigkeitshörigkeit kostet Millionen
- Wir sind unser größter Schutz: Unsere Handlungen bestimmen unsere Privatsphäre
- Ending on a positive Note: Was also können wir tun, Lone Ranger?

Habe ich mich in den letzten Wochen ausführlich - geradehin in epischer Breite - über die Versprechungen der Schlangenölbranche ausgelassen. Schimpfte ich wie ein Rohrspatz über die Risiken, denen wir uns durch den Einsatz von AV-Software aussetzen.
Führte nachgerade schonungslos aus, wer das wahre und größte Risiko der Preisgabe unserer digitalen Identität sind:
Wir selbst.

So schließe ich heute meine Reihe über Schlangenöl und die Bedrohungen, denen wir uns dadurch aussetzen, ab.
Und zwar mit einem warnenden Paukenschlag:
Was uns wirklich gefährdet

Vor einem Zero-Day kann dich keine Software schützen

Zero-Days, also Bedrohungen, die noch niemand entdeckt bzw. als Gefahr kategorisiert hat, sind die panzerbrechende, uranangereicherte Munition, mit der u.a. Cyberkriminelle uns bedrohen.
Und damit meine ich staatliche Dienste, die in vollkommen verantwortunsloser Weise solche Zero-Day-Exploits horten.
Zum einen ist das eine Gefahr für uns alle, da diese Dienste ihre gesammelten Zero-Days gegen uns, unsere Privatsphäre und damit gegen unsere Freiheit einsetzen können - ich sage an dieser Stelle nur Staatstrojaner[53].

Zum anderen gefährden uns Dienste, da dieser Hort toxischer Lücken in Software durchaus in die (noch) falsch(eren) Hände von Kriminellen anderer Art gelangen können - hier sage ich nur CIA-Leaks[54].

Durch einen Zero-Day-Exploit haben Angreifer die Möglichkeit, Schadsoftware auf einem Zielsystem zu deponieren, ohne dass eine vorhandene Schlangenöllösung auch nur den Hauch einer Ahnung hat, dass das vermeintlich geschützte System kompromittiert wurde.
Klassisch unter dem Radar durch.
Zero-Day-Exploits sind quasi die Stealth-Bomber der Informationstechnologie.
Erst wenn der Einschlag kommt, weiß der Anwender, dass er angegriffen wurde.
Oder erst viel später, meistens sogar sehr viel später (und auf jeden Fall zu spät).
Das hängt natürlich ganz von den Zielen der Schadsoftware ab.
Ein Beispiel für den erfolgreichen Einsatz eines Zero-Day-Exploits ist die WannaCry-Ransomware, die es auch aufgrund ihrer publikumswirksamen Auswirkungen in die allgemeinen und klassischen Medien[55] geschafft hat.

Daher meine Handlungsanweisung für diesen Fall:

Ganz frei nach Kant:

Klicke so, dass du ständig die Verantwortung für deine Klicks übernehmen kannst.

Wisse, wohin der besuchte Link dich führt.

Verschlüsselt und verraten

Ransomware ist aktuell nicht nur die Schadsoftware mit der höchsten Verbreitung[56], sie ist auch eine der Formen von Malware, die Schlangenöl nicht erkennt[57].

Die große Verbreitung von Ransomware liegt nicht daran, dass die betroffenen Systeme etwa kein Schlangenöl eingesetzt hätten, sondern daran, dass die meisten dieser Systeme keine aktuellen Systemupdates eingespielt hatten.

Die meisten dieser betroffenen Systeme - so ist meine feste Überzeugung - waren sehr wohl durch AV-Software geschützt.

Gleichwohl, es hat nichts genützt.

Denn - und auch an dieser Stelle verweise ich wieder auf WannaCry - Ransomware nutzt ungepatche Lücken in Computersystemen durch Zero-Day-Exploits.

Und diese können von AV-Lösungen einfach nicht erkannt werden.

Ransomware ist ein mittlerweile ein riesiger Markt - und es sind schon längst keine Script-Kiddies mehr, denen wir uns als Gegner gegenüber sehen.

Sondern es ist ein hoch professionalisierter krimineller Wirtschaftszweig, der sich inzwischen sogar die Bewertungssystematik des klassischen Online-Handels zueigen gemacht hat.

Ableitung aus diesen Erkenntnisse:

Habe stets ein aktuelles Backup deiner Daten verfügbar.

Wer nicht up-to-date ist, handelt fahrlässig

"Kein Backup, kein Mitleid!"

Dieses Bonmot der Sys-Admin-Community bringt es treffend auf den Punkt.

Ich formuliere es - passend für diesen Abschnitt - um:

"Kein aktuelles System, kein Mitleid."

Der technisch wichtigste Schutz vor unbekannten Gefahren ist schlicht und einfach ein aktuelles System.

Das zu bewerkstelligen ist auch wirklich keine Raketenwissenschaft.

Mittlerweile unterstützen uns **alle** Betriebssysteme dabei, die entsprechenden Geräte aktuell zu halten.

Es ist eben so ähnlich wie bei des Deutschen liebstem Kind:

Dem heiligen Blechle.

Das Auto unserer Wahl nörgelt, warnt und blinkt ja auch in aller Regelmäßigkeit, will unsere Aufmerksamkeit und äussert den Wunsch nach Inspektion, Wischwasser und sonstwas. (Erinnert uns doch irgendwie an die Tamagotchis - wisst Ihr noch?)

Und dem kommen wir doch gerne nach.

Und genauso verhält es sich mit unseren Computersystemen.

Die machen uns ganz selbsttätig darauf aufmerksam, dass sie umsorgt und aktualisiert sein wollen.

Kommen wir diesem doch bitte auch gleich nach.

Es ist kein Aufwand, weder zeitlich noch mental.

Verschieben wir es nicht.

Sobald wir den Wunsch des Betriebssystems nach Update bekommen leisten wir dem Folge.

Ohne Aufschub.

Sofort.

Dieser einfache Klick kann uns eine sehr große Menge Ärger und Ungemach sparen.

Daher mein Aufruf:

> `Brüder zur Sonne, zum Update!`
>
> `Daten wir up, sobald es etwas zum updaten gibt.`

Links, zwo-drei-vier!

Jetzt ist aber auch wieder genug des unreflektierten Folgeleistens bei computergenerierten Anweisungen.

Ein weiteres, großes Risiko ist das reflexartige Klicken auf jeden Link, der uns in einer E-Mail entgegen springt.

Wir klicken einfach nicht auf jeden Link, der uns in einer E-Mail erreicht - möglicherweise sogar noch vollkommen unkommentiert.

Das tun wir einfach nicht.

Wir wurden doch alle als Kinder umfangreich auf die Gefahren hingewiesen, die von fremden Menschen ausgehen, die uns entweder etwas schenken wollen, oder uns einfach "das süße Kaninchen in ihrem Garten" zeigen wollen.

Sind wir doch alle, oder?

Haben wir etwas angenommen? Nein!

Sind wir mitgegangen? Nein!!

Also.

Ist doch genau das gleiche hier.

Ein Link ist nichts anderes als das Angebot, etwas geschenkt zu bekommen oder ein süßes Kaninchen in dem unheimlichen, überwucherten Garten vor oder hinter der heruntergekommenen und halb verfallenen Villa am Stadtrand gezeigt zu bekommen.

Das nehmen wir nicht an, dieses Angebot.

Zumindest prüfen wir **sehr** kritisch, ob der entsprechende Link dahin führt, wo er vorgibt hinzuführen.

Das ist bei Plain-Text-Mails einfacher als bei HTML-Mails - aber es geht in allen Fällen.

Wir müssen schlicht und ergreifend unseren gesunden Menschenverstand wieder stärker schulen und ein gerüttelt Maß an Mißtrauen kultivieren.

Deshalb an dieser Stelle alle im Chor:

> *Wir klicken nicht reflexartig auf alle Links, die uns unter den Mauszeiger kommen.*

Nicht öffnen!

Wenn es tickt, ölig riecht und eine ungleichmäßige Gewichtsverteilung hat - dann machen wir ein Paket doch auch nicht auf!

Warum sollte dies bei Anhängen von E-Mails anders sein?

Gut, die riechen eher nicht ölig (die olfaktorische E-Mail ist uns bisher zum Glück erspart geblieben), aber ein unerwarteter Anhang ist die digitale Analogie dazu.

Wenn wir den Absender nicht kennen, können wir die E-Mail mit Anhang schon gleich unbesehen und unbesorgt löschen.

Wenn es etwas wichtiges ist dann kommt es wieder.

Und selbst **wenn** wir den Absender kennen, muss schon ein triftiger Grund vorliegen, um den Anhang öffnen.

Und dieser triftige Grund ist die Ankündigung des Anhangs (aus einer früheren Mail oder einem persönlichen Gespräch).

Fragen wir lieber nach - auf einem anderen Kanal bitte! - ob der Anhang wirklich authentisch ist.

Denn insbesondere unaufgefordert zugesandte Anhänge - wie z.B. Bewerbungsunterlagen - waren in der Vergangenheit (und sind es aktuell immer noch) tickende Briefbomben. Sie wirken zumeist **wahnsinnig** echt und verleiten die ansprochenen Personen in aller Regel zum Öffnen.

Darum:

> *Nichts öffnen, was wir nicht angefordert haben - es könnte ein Drache in dem Paket hocken.*

Obrigkeitshörigkeit kostet Millionen

Unkritisches Verhalten - gepaart mit einer restriktiven und rigiden Hierarchie - sind ein ideales Ökosystem für ein weiteres virtuelles Angriffsszenario, bei dem Schlangenöl keinerlei Schutz bietet.

In einem derartigen von Angst, Gleichgültigkeit, Obrigkeitshörigkeit und Unkenntnis verseuchten Umfeld können Angriffe wie der CEO-Fraud[58] aufblühen und ihre kriminellen Blüten treiben.

Bei dieser Form des Internetbetrugs wird eine gefälschte E-Mail - vermeintlich vom Geschäftsführer (eben dem CEO) - an einen zumeist hochrangigen Mitarbeiter mit Finanzkompetenz geschickt.

Diese Mail formuliert die Anweisung, ganz kurzfristig und unter Umgehung sämtlicher gängiger Prozesse, unauffällig eine größere Menge Geldes an eines der unauffälligen Konten in einem ganz vertrauenswürdigen Land zu überweisen.

Dringend, weil das Wohl der Firma, der freien Welt und ganz besonders die Sicherheit des Jobs des Mail-Empfängers davon abhängen.

Und, ach ja, noch nebenbei, natürlich bleibt die ganze Transaktion vertraulich zwischen den Mail-Parteien.

Geht ja üblicherweise nur um ein paar Millionen Dollar.

Und da dies eben in einem Umfeld von Befehl und Gehorsam stattfindet und die Mails wirklich authentisch wirken - bis auf die klare Aushebelung jeglicher Vernunft und Ordnung - sind diese CEO Frauds sehr erfolgreich.

Was bleibt mir da zu empfehlen?

> Stärken wir unser Rückgrat.

> Fragen wir lieber einmal mehr nach als später den Schaden zu haben.

> Wird uns für eine solche - durchaus berechtigte - Rückfrage der Kopf abgerissen, wäre für mich zumindest eines klargestellt:

Das ist sicherlich keine Umgebung, in der ich weiterhin freiwillig arbeiten will.

> "If you don't like how things are, change it! You're not a tree."

Unsere Handlungen bestimmen unsere Privatsphäre

Das größte Risiko sind aber letztlich wir selbst.

Es hilft alles nichts, wir sind schlussendlich selbst für unser Wohl und Wehe verantwortlich.

Wir können alles auf externe Faktoren schieben:

- die schlechte Schutzsoftware
- die bösen Cyber-Kriminellen
- das schlechte Betriebssystem
- die gemeinen Geheimdienste
- und, und, und...

Wenn wir eine Ausrede finden wollen - finden wir sie.

Wenn wir eine Lösung finden wollen - finden wir auch einen Weg.

Wir sollten bei unserem eigenen Verhalten beginnen.

Wir können **immer** entscheiden, wie wir handeln wollen.

Und sobald wir dies erkennen und entsprechend Verantwortung für unser Handeln übernehmen, ist das der erste Schritt zurück zur Souveränität über unsere Daten und unsere Privatsphäre.

Deshalb:

Beginnen wir damit, Verantwortung für unser eigenes Handeln zu übernehmen.

Was also können wir tun, Lone Ranger?

Zunächst - Optimistisch bleiben.

Denken wir uns erst einmal:

"This too will pass."

Echt, die Welt geht davon (noch) nicht unter.

Es klingt alles furchtbar dramatisch, aber wir haben schon anderes überstanden.

Modern Talking zum Beispiel.

Ne, Ernst beiseite - hier nochmal kurz zusammengefasst, was wir tun können, um nicht in die Cyber-Cyber-Falle zu tappen:

- Backups haben - und den Restore-Fall testen!
- das System aktuell halten
- erst denken, dann klicken
- keine suspekten Anhänge öffnen (und rückversichere dich im Zweifel beim Absender)
- hab ein Rückgrat, sei kritisch und frag lieber einmal mehr nach als einmal zu wenig
- übernimm Verantwortung für deine eigenen Handlungen

Das Ende einer langen Reise:

Schlangenöl in epischer Breite - mit hilfreichen Tipps und Handreichungen.

SHAPE your own security

Aufmerksamkeit ist der Preis der Datensicherheit

TL;DR

- Wir sind unsere stärkste Armee: Unser Rüstzeug gegen Viren, Trojaner und andere Schädlinge
- Denken ist wie googeln - nur krasser: Think first, click later
- Weaponized Communication: Die E-Mail - im Zweifel die Landmine der digitalen Kommunikation
- Wir brauchen mehr als einen Hammer: Werkzeuge der digitalen Verteidigung
- Reduktion der Angriffsfläche: Nutze nur, was du gerade brauchst
- Software will gepflegt sein: Be up to date - or else

Oh, da war ich doch tatsächlich in meinem letzten Artikel zu voreilig, bzw. zu sehr in meinem eingeübten Muster eingefahren.

Die Schlangenöl-Serie ist noch gar nicht vollständig!

Oder sehen wir es anders:

Heute gibt es noch eine Zugabe - weil das Thema einfach viel zu schön ist, um ihm lediglich vier Artikel zu widmen.

Unser Rüstzeug gegen Viren, Trojaner und andere Schädlinge

Heute ist es mein erklärtes Ziel, nicht nur auf einer positiven Note zu enden.

Nein, heute soll der gesamte Artikel ein Quell der positiven Stimmung und der kraftvollen Ideen sein.

Ich sehe quasi schon die Einhörner zwischen den Zeilen hervorlachen.

Mit dem Titel meines heutigen Artikels lege ich bereits die Marschrichtung fest.

Geht es euch auch so, dass ihr das Gefühl habt, dass ich diesmal ordentlich in Richtung militärischer Nomenklatur unterwegs bin?

Wer fünf unterschiedliche militärisch belegte Begriffe findet, darf sich bei mir melden[59] und erhält dafür meine Aufmerksamkeitsbelobigung am Band.

Wir sind es, die in erster Linie über Wohl und Wehe unserer Datensicherheit und Privatsphäre entscheiden.

Nun, damit sind wir doch geradezu für diese Schutzmaßnahme durch.

Noch nicht ganz, denn lediglich die Erkenntnis zu haben, dass unsere Handlungen kriegsentscheidend für unsere Privatsphäre und Freiheit sind, hilft uns nur bedingt weiter.

Immerhin bewahrt uns dieses Wissen davor, blindlings ins Verderben zu laufen.

Aber ich will euch ja Waffen und Munition für die Verteidigung an die Hand geben.

Für wesentlich halte ich daher eine fundierte Aufklärung der Bedrohungslage:

- wo verlaufen die Frontlinien im Kampf um unsere Daten?
- wie groß ist die Mannschaftsstärke der gegnerischen digitalen Armee?

- welcher Art ist das digitale Waffenarsenal unserer Gegner?

Darum, liebe Leser, schlaut euch auf.

Fragt nach, interessiert euch.

Die zunehmende Digitalisierung unseres Alltags und unserer Gesellschaft ist weder aufzuhalten noch rückgängig zu machen.

Die Worte Winston Churchills

"[...] we shall fight on the beaches, we shall fight on the landing grounds, we shall fight in the fields and in the streets [...]"

finden hier keine Anwendung, denn wir können dieser Entwicklung nicht auf dem offenen Schlachtfeld entgegentreten.

Wir müssen Guerilla-Taktiken anwenden.

Wir müssen die Schwächen des Gegners ausloten und zu unserer Stärke machen.

Ein Ausstieg aus der digitalen Entwicklung ist nur unter massiven Einbußen von Bewegungsfreiheit und gesellschaftlichem Kontakt möglich - auf Grönland vielleicht oder auf einer verträumten Insel im südlichen Pazifik.

Nein, unser Ziel muss sein, dass wir die technische Entwicklung und damit die gesellschaftlichen Auswirkungen kritisch begleiten.

Damit haben wir die Chance, den Kampf um unsere Daten für uns zu entscheiden.

Think first, click later

Als erste konkrete Handlungsanweisung für unseren Schutz vor digitalen Bedrohungen steht dieses Mantra.

Damit habe ich auch den aktuellen Bezug zur anstehenden Bundestagswahl - macht eine kleine Splitterpartei doch allen Ernstes Werbung mit dem Slogan:

"Digital first. Bedenken second."

Wenn ich so etwas lese könnt ich grad auf der Sau naus.

Diese Sichtweise zeugt deutlich davon, gar nichts verstanden zu haben - zumindest nichts, was den Schutz der persönlichen Daten und die Privatsphäre angeht.

Möglicherweise haben Politiker, die eine derartige Aussage tätigen, sehr wohl den Wert von Daten verstanden - beispielsweise für die Wirtschaft - und die Digitalisierung liefert (nicht nur der Wirtschaft) wertvolle Information für Werbung, Manipulation und Einflussnahme.

Lediglich von einer solchen Geisteshaltung regiert werden will ich nicht.

Daher mein dringender Aufruf:

Bedenkt, was ihr tut - die digitalisierten Belege eurer Handlungen werden diese lang überdauern - trotz eines Rechts auf Vergessen in der EU-DSGVO[60].

Denn ein Recht führt nicht automatisch zu einer technischen Machbarkeit dieser politischen Forderung.

Die E-Mail - im Zweifel die Landmine der digitalen Kommunikation

Eine der technischen Gegebenheiten des Internet ist, dass die direkte Kommunikation Angesicht-zu-Angesicht aufgehoben (bzw. verringert) wurde.

Dies hat den Vorteil, dass wir uns über Kontinente hinweg miteinander austauschen können.

Ein Nachteil liegt jedoch darin, dass die Hemmschwelle für kriminelle Aktivitäten sinkt, da das Opfer ja ebenfalls weit entfernt (also für den Täter quasi unsichtbar) ist.

Es ist deutlich leichter, eine Schadsoftware online zu verteilen, als einem zufälligen Passanten die Handtasche zu entreißen.

Wenn wir uns diesen Sachverhalt bei der Bearbeitung unserer elektronischen Post vor Augen führen, besitzen wir die nötige Aufmerksamkeit, um uns vor unliebsamen Auswirkungen einer solchen digitalen Landmine zu schützen.

Ein Großteil der Schadsoftware, sei es Ransomware, Spyware oder Crypto-Currency-Miner, kommen als Anhang einer E-Mail daher.

Darum meine Empfehlung in diesem Umfeld:

- öffne keine Anhänge, die unaufgefordert kommen
- klicke nicht auf Links, die unkommentiert geschickt werden
- prüfe den Link, den du klickst

Mir ist klar, dass diese Forderungen mehr Arbeit bedeuten, mehr Aufmerksamkeit benötigen und daher mehr Zeit beanspruchen.

Aber, um es mit Mahatma Gandhi zu sagen:

"Es gibt wichtigeres im Leben, als beständig dessen Geschwindigkeit zu erhöhen."

Werkzeuge der digitalen Verteidigung

Unsere stärksten Verbündeten im Kampf um unsere Datenhoheit habe ich in den ersten Abschnitten dieses Artikels vorgestellt:
Unsere Aufmerksamkeit und die Kenntnis der Bedrohungen.
Da wir uns jedoch einer hochgerüsteten digitalen Armee gegenüber sehen, ist es ratsam, wenn wir uns auch das eine oder andere virtuelle Werkzeug zu eigen machen.

- **Add-ons** für sicheres Surfen
  - *Cookie Autodelete*
    Hält uns lästige Cookies vom Hals, die unserer Surfverhalten verfolgen.
  - *uBlock Origin*
    Filtert Werbung von Webseiten - die oft als Träger von Schadsoftware dient.
  - *NoScript*
    Unterdrückt aktive Inhalte, bis wir diese - bewusst - zulassen.
    Schützt uns somit vor den Auswirkungen von Schadsoftware, die auf verseuchten Webseiten bereit gestellt wurde.
- Eine **Firewall**
  Damit bekommen wir Kontrolle über die Datenflüsse in und aus unserem Rechner.
  Quasi die Grenzkontrolle zwischen unserem Datenzentrum und der weiten wilden virtuellen Welt.
- Ein **sicheres Betriebssystem**
  Linux ist nicht gegen alle Angriffe gewappnet.
  Aber schon aufgrund der geringen Verbreitung von Linux im Desktopbereich ist dies ein Argument dafür, eben dieses Betriebssystem zu verwenden.

Es ist schlicht nicht im Fokus der Angreifer.
Und obendrein ist ein Rechner, der unter Windows läuft,
schwieriger zu schützen als ein Rechner unter Linux.

Nutze nur, was du gerade brauchst

Die eigene Angriffsfläche maximal zu minimieren ist nicht nur im Krieg
eine durchaus hilfreiche Überlebensstrategie.
Ein Infanterist, der mit ausgebreiteten Armen (ohne eine weiße Flagge zu
schwenken) auf die feindlichen Linien zuläuft, hat ähnlich gute
Überlebenschancen wie ein Schneeball in der Hölle.
Deswegen meine Empfehlung an dieser Stelle:

Angriffsfläche minimieren.

Nutzt nur, was ihr wirklich benötigt.
Das trifft auf Software, die wir auf unseren Rechnern installiert haben,
genauso zu, wie auf Schnittstellen, die wir bereit stellen.
Gerade jetzt hat der BlueBorne[61] getaufte Angriffsvektor auf Bluetooth
dies wieder drastisch zutage gefördert.
Bei BlueBorne handelt es sich um einen Angriff auf Bluetooth.
Egal auf welchem System.

Windows ist genauso betroffen wie macOS, iOS, tvOS, watchOS,
Android und Linux.
Egal ob Smartphone, SmartTV, SmartWatch, Fitness-Tracker,
Kaffeemaschine, Rolladensteuerung oder Laptop.

Es reicht für einen solchen Angriff bereits aus, wenn Bluetooth **aktiviert**
ist.
Was hilft in allerster Linie:

Bluetooth deaktivieren.

Ich weiß, ich weiß, ich höre das Heulen und Zähneknirschen.

Denn wenn ich Bluetooth deaktiviert habe, kann mein Fitbit mich überhaupt nicht mehr überwachen.

Ja, richtig.

Aber was ist dir lieber?

Keine Überwachung mehr oder keine Daten - weil dir diese gerade über deine offene Bluetooth-Verbindung gestohlen wurden?

Nun, es gibt Rettung - teilweise.

Updates.

Wenn das Gerät denn updatefähig ist - was entsetzlicherweise bei vielen IoT-Geräten tatsächlich nicht der Fall ist - trotz offener Bluetooth-Schnittstelle.

Be up to date - or else

Es ist doch vollkommen paradox:

Wir wollen immer zur Speerspitze der technischen Entwicklung zählen.

Wir wollen bei der Avantgarde, der Vorhut, der Pioniertruppe dabei sein.

Eine neue technische Entwicklung ist noch nicht ganz auf dem Markt, schon haben wir zugegriffen.

Wir sind so schnell, dass wir gestern schon haben, was erst morgen im Laden steht.

Aber - haben wir auch die Risiken im Blick, die wir uns damit einhandeln?

Wir sind die ersten, die durch das technische Minenfeld der Neuentwicklung gehen.

Wir schlagen den Brückenkopf für die Hersteller zu seinen Kunden.

Wir leisten die Pionierarbeit.

Aber, sind wir dafür auch ausreichend durch den Hersteller vorbereitet und geschützt?

Oder schickt uns dieser ohne Marschgepäck und ausreichende

Feindaufklärung in vollkommen ungesichertes Terrain?

Und hier greift das Paradoxon:

Wir erhalten zwar den funktional neuesten heißen Scheiß - aber die Systeme dahinter sind weit offen für Angriffe.

Daher müssen wir stets die aktuellsten Softwareversionen einsetzen, die uns die Hersteller bereit stellen können.

Denn ohne aktuelle Systeme nützt uns die modernste Technik nichts.

Wirklich, das ist die wichtigste technische Verteidigungslinie, die wir aufrecht erhalten müssen.

System-Updates.

Wenn wir zulassen, dass dieser vorgelagerte Schutzwall fällt, dann bieten wir dem Feind eine ungeschützte Flanke, die er gnadenlos angreifen wird.

Und dann ist Polen offen.

Die Softwarehersteller liefern nicht aus Jux und Dollerei monatlich - oder besser noch wöchentlich (bisweilen sogar täglich) - Flicken für ihre umfangreichen Softwareteppiche.

Die meisten Softwarepakete wirken mittlerweile wie eine gut eingetragene Jeans in der dritten Generation einer Hippie-Familie.

Aber - wäre das nicht so, würde das Softwarepaket eher einer rostigen Gieskanne auf dem Grund des Neckars gleichen.

Der technisch interessierte Leser wird sich an dieser Stelle möglicherweise fragen:

Muss das so sein?

Meine Meinung dazu ist in diesem Fall recht klar und recht radikal:

Nein.

In einer idealen Welt wäre Software stabil, modular und sicher entworfen und klar für **einen** Zweck programmiert.

Leider leben wir nicht in einer idealen Welt.

Sicherheit kostet Geld und Zeit.

Und in einer Welt, in der Time-to-Market zählt und Kundendaten bestenfalls als Ölquelle angesehen werden, wird wenig Wert auf *Security-by-Design* und *Privacy-by-Default* gelegt.

Der Schutz der Privatsphäre wird immer noch als Kostenfaktor (und nicht etwa als Wettbewerbsvorteil) angesehen.

Ein Fehler, der unserer Wirtschaft noch schwer auf die Füße fallen wird.

In der wirklichen Welt müssen wir eben mit Software leben, die aussieht wie der Quilt einer Amish-Familie in der fünften Generation.

Damit haben wir uns durch das weite Feld der falschen Sicherheitsversprechen gekämpft.

Wir sind gestählt durch neue Erkenntnisse.

Wir sind gerüstet für eine digitale Zukunft.

Wir haben neue Strategien für die Verteidigung unserer Privatsphäre gefunden und neue Waffen gegen die Angreifer auf unsere digitale Freiheit kennen gelernt.

Kämpfen wir dafür.

Es geht um uns.

Online-Konten

Du kommst hier nicht raus!

TL;DR

- Eene, meene, Mift - raus bist du noch lange nicht: Abmelden? Kannste knicken.
- Die Politik stärkt uns den Rücken: Recht so!
- I have a Dream: Eine Idee - in den virtuellen Raum gestellt
- Ans Werk, Leser: Gimme hope, Manufakturist!

Jetzt aber.

Ab heute erquicke ich euch, liebe Leser, mit einer neuen Artikelserie:

Online-Konten.

Haben wir alle.

Vielleicht ohne es zu wissen.

Vielleicht viel mehr als wir wirklich nutzen.

Und wahrscheinlich mehr als wir benötigen.

Es ist ja auch irrsinnig einfach und bequem, Bücher online zu bestellen.

Oder ein Auto zu mieten.

Eine Reise zu buchen.

Einige Dienste sind offline gar nicht verfügbar, aber das ist ein anderes Thema.

Mir geht es in dieser Artikelserie darum, die negativen Auswirkungen von Online-Konten auf unsere Privatsphäre und auf die Souveränität unserer Daten ins Bewusstsein zu rücken.

Daher betrachte ich in diesem Artikel gleich zu Beginn der Serie die Ausstiegsszenarien aus diesem selbstgewählten virtuellen Verwaltungswahnsinn.

Anschließend werfe ich einen dystopischen Blick auf Hintergründe, warum so viele Online-Dienste mit Kontoerstellungspflicht aus dem Boden schießen.

Im Anschluss schaue ich mir den Zusammenhang zwischen Online-Konten und Datenhandel an.

Abschließend richte ich mein skeptisches Auge auf die rechtliche Situation - und ob das die Anbieter dieser Dienste überhaupt tangiert.

Dann werfen wir uns jetzt in die wilde virtuelle Wirrnis der Online-Konten - anschnallen, Luft anhalten, es wird ein wilder Ritt.

Abmelden? Kannste knicken.

Bei vielen Diensten, so ist meine Erfahrung, reduziert sich das Abmeldeprozedere auf diese drei Worte.

Denn abmelden ist schlicht und ergreifend nicht vorgesehen.

Es geht uns bei diesen Diensten wie Mitch McDeere:

Wir können einsteigen und alles ist ganz großartig - wenn wir uns denn den Knebelverträgen der Dienstanbieter unterwerfen - aber wir können nicht mehr aussteigen.

Ein geschickter Schachzug der Profiteure der umgreifenden Digitalisierung unseres gesellschaftlichen Lebens.

Fast noch besser als das Vorgehen von Drogenhändlern.

Diese fixen neue Kunden auch mit Gratisproben an - aber hier hat man - so willens ist und gute Unterstützung erhält - die **Möglichkeit** wieder aufzuhören.

Wenn die **Möglichkeit** des Ausstiegs abgeschafft wird hat man jeden neuen Kunden dauerhaft an sich gebunden.

Hat ein bissel was von einem Teufelspakt - sollten wir mal bei Faust und Mephistopheles nachfragen, wie die das so sehen.

Nun, um euch einen Einblick in meine Erfahrungswelt zu geben und euch hoffentlich an der einen oder anderen Stellen dieselbe Erfahrung zu ersparen, schildere ich hier einige meiner Odyseen beim Kampf aus den Fängen diverser Online-Ungeheuer.

Denn eigene Erfahrung ist zwar die edelste Art zu lernen - aber auch die schmerzhafteste.

Nachahmung hingegen die einfachste.

- **eBay**: Der Preis der Freiheit ist sehr hoch.

  Man sollte ja vermuten, dass ein Dienst, der schon so lange am Markt ist wie ebay, eine stabile Prozessstruktur etabliert hat.

  Und in der Tat, so ist es. Leider existiert jedoch kein Prozess, der einen abmeldewilligen (Noch-)Nutzer von ebay dabei unterstützt, auszusteigen.

  Weit gefehlt.

  Damit wir uns bei eBay abmelden können, fordert eBay die Preisgabe weiterer persönlicher Daten, die - und das ist mal ein Schlag ins Gesicht der informationellen Selbstbestimmung - an die Schufa übermittelt werden.

  Zur Prüfung.

  Dazu fällt mir wirklich nur ein:

  eBay, habt ihr noch alle Latten am Zaun?

  Mein Rat an Dich, lieber Leser, der du ebay verlassen willst:

  Lösche alle möglichen Daten über dich in deinem Profil.

  Gib möglichst kreativ unstimmige Daten an den Stellen an, die als Pflichtfelder markiert sind.

  Lege abschließend eine Burner-E-Mail-Adresse an und lass dieses nicht mehr zu nutzende eBay-Konto in Ruhe vor sich hin verwesen.

Möge eBay in einem Sumpf aus nutzlosen Konten untergehen. Wer derart willkürlich die Datenhoheit seiner Kunden missachtet, der hat derartige Guerilla-Taktiken als Antwort verdient.

Es ist grotesk, dass wir dazu gezwungen werden, **mehr** Daten über uns preiszugeben, um sicherzustellen, dass **weniger** Daten über uns im Umlauf sind.

Aber es ist eben nicht das Ziel der Datenkraken, uns bei unserer Datenhygiene zu unterstützen.

Möglicherweise ist dies jedoch auch ein Geschäftsmodell: Noch schnell Daten von einem abmeldewilligen Nutzer abgreifen, damit der zu datenhandelnde Umfang etwas größer und lukrativer wird.

- **eBay Kleinanzeigen**: Wenn du gehen willst, dann bettle.

eBay ist nicht gleich eBay.

Das lernte ich bereits, als ich mich - fälschlicherweise - zunächst bei eBay angemeldet hatte.

Wollte ich doch eine Kleinanzeige schalten - keine Auktion starten.

Naja, kleiner Fehler meinerseits, kann ja mal passieren.

Kann ich mich ja schnell wieder abmelden.

Oh, ach, ich armer Tor - falsch gehofft.

Doch zurück zu eBay Kleinanzeigen.

Fehlanzeige, was die Anzeige von Abmeldeprozessen angeht.

Hmm, sollten die doch eigentlich können, so als Kleinanzeigen-Portal?

Nein, können sie nicht.

Erst nach mehrmaliger Nachfrage beim Support wurde unwillig meinem Wunsch nach Abmeldung Folge geleistet.

Auch für euch, eBay Kleinanzeigen:

Schande über euch!

Was für ein Armutszeugnis.

Habt ihr so kleinliche Angst vor der Abwanderung eurer Kunden, dass ihr diese auf eine solch hinterlistige Art und Weise an euch binden müsst?

Armselig.

Diese Art der kettenartigen Kundenbindung ist mir bei einigen Online-Diensten untergekommen:

mytaxi, LifeTrust, genialokal und andere sind weitere Negativbeispiele für diese Art der *Kundenbindung*.

Dabei - und das scheint diesen Anbietern nicht klar zu sein - verstoßen sie damit gegen §13 TMG, Absatz 4, Satz 1[62]:

> *"Der Diensteanbieter hat durch technische*
> *und organisatorische Vorkehrungen*
> *sicherzustellen, dass*
> *1. der Nutzer die Nutzung des Dienstes*
> *jederzeit beenden kann,"*

Diese Beispiele haben mir ganz klar gezeigt, wie groß das Machtgefälle zwischen den Datenkraken auf der einen und den Nutzern dieser Dienste auf der anderen Seite ist.

Mir ist vollkommen klar, dass die Frustrationstoleranz der Nutzer komplett ausgereizt wird, wenn sie sich dauerhaft derartigen Beschränkungen, Bevormundungen gar, durch die Diensteanbieter ausgesetzt sehen.

Da ist es schlicht einfacher, aufzugeben und halt in Orwells Namen bei diesem Dienst zu bleiben.

Und wieder hat eine Datenkrake gewonnen.

> *Ich rufe euch zu, wechselwillige Leser,*
> *gebt nicht auf!*
>
> *Bleibt hartnäckig!*

Ihr habt einen Anspruch auf eure informationelle Selbstbestimmung - und ihr habt das Recht auf eurer Seite!

Wir sollten uns dieses feudalherrschaftliche Vorgehen der Datenkraken nicht gefallen lassen.

Wir sollten diesen unmoralischen Datenhändlern, die sich wie autokratische Despoten aufführen, unseren Widerstand entgegenstellen.

Recht so!

Aber wir sind nicht hilflos - die Politik ist, man mag es kaum glauben, auf der Seite der Nutzer!

Mit der beschlossenen und im nächsten Jahr in Kraft tretenden europäischen Datenschutzgrundverordnung (EU-DSGVO) erhalten wir auch das Recht auf Löschung[63].

In Artikel 17 werden uns einige fundamentale Rechte zur informationellen Selbstbestimmung über unsere Daten zugesprochen.

Ich finde es zwar sehr unerfreulich, mit rechtlichen Schritten drohen zu müssen, um Forderungen durchzusetzen.

Aber bei derart eklatanten Verstößen gegen die Achtung unserer Privatsphäre halte ich diese Schritte für angemessen.

Wehren wir uns, es geht um unsere Freiheit.

Eine Idee - in den virtuellen Raum gestellt

Ja, so ist das eben, wenn man eine Idee in den Raum stellt.

Dann steht sie da.

Beansprucht Platz, steht einem möglicherweise im Weg rum.

Genau das soll diese Idee auch tun:

Wie wäre es denn mit einem Recht auf Obsoleszenz?

Mir geht es dabei auch um eine Art automatischer Obsoleszenz von ungenutzten Online-Konten.

Dies widerspricht allerdings meiner Kritik an Google[64] hisichtlich ihres aktuellen Vorgehens beim Backup im Online-Speicher Google Drive.

Dort werden bereits nach sehr kurzer Zeit (nämlich nach zwei Wochen Inaktivität des zugehörigen Google-Kontos) Backups gelöscht.

Meine Idee einer automatischen Löschung von Online-Konten muss an dieser Stelle zunächst eine mehrstufige Interaktion mit dem Kontoinhaber voraussetzen.

Aber, so meine Hoffnung, diese würde uns als Nutzer bei unserer **Datenhygiene** deutlich helfen.

Marktwirtschaftlich gesehen haben Datenkraken kein Interesse an einem solchen Vorgehen, denn dadurch würde ihnen ja - ganz automatisch - ein Teil ihrer Geld- äh, Datenquellen wegbrechen.

Und das wär ja blöd.

Gimme hope, Manufakturist!

Was können wir konkret tun, wenn wir einen Online-Dienst verlassen wollen - damit will ich heute enden.

Meine erste Empfehlung lautet:

- **Suchen, suchen, suchen!**

  Nicht aufgeben.

  Trotz meiner unkenrufartigen Negativbeispiele finden wir doch bei vielen Diensten Hinweise darauf, wie wir uns von diesem auf Wunsch auch wieder abmelden können.

  Zugegebenermaßen oft sehr gut versteckt.

  Aber irgendwo - in den Untiefen im dritten Kellergeschoß, hinter der verschlossenen Tür, in dem Raum, in dem der Lichtschalter schon seit drei Jahren defekt ist.

  Dort - in dem Aktenschrank, der hinter einem Berg rostiger Fahrräder und Tonbandgeräte versteckt ist, dort finden wir eine kurze Anleitung (und einen Link) wie wir uns abmelden können.

Wenn wir nichts finden:

- **Löschung fordern.**

  Schreibt eine Mail an den Support.

  Dann schreibt noch eine Mail.

  Droht, jammert, heult, knirscht mit den Zähnen.

  Pestet die Anbieter so lange, bis sie euch ziehen lassen.

  Ihr werdet gewinnen - denn es ist euer Recht, es sind eure Daten.

Was immer hilft:

- **Selbstauskunft fordern.**

  §19 BDSG (aF)[65] und §34 BDSG (aF)[66] gewähren uns das Recht und den Dienstanbietern die Pflicht zur Auskunft über unsere Daten.

Tut dies, es ist nicht nur sehr erkenntnisreich, was Datenkraken so über uns speichern.

Sondern es generiert auch Mehraufwand bei den Datenkraken; und damit können wir das Machtgefälle zwischen Datenkraken und uns Nutzern ein wenig nivellieren.

Keine Online-Konten zu haben heißt nicht Totalverzicht:

- **Bestellt per Vorkasse**
  Damit umgehen wir die Notwendigkeit eines weiteren Online-Kontos.
  Eine Möglichkeit, der Abmelde-Odysee komplett zu entgehen, ist es, keine Online-Konten anzulegen.
  Das funktioniert bei Online-Shops.
  Wenn wir Vorkasse als Zahlungsweg wählen, müssen wir keine weiteren Daten über uns preisgeben. Zumindest keine, die nicht für den Versand, die Lieferung und Zustellung der Ware notwendig sind.
  Datensparsamkeit ganz praktisch.

Den Kriegshammer auspacken:

- **Beschwerde beim Datenschutzbeauftragen einlegen.**
  Das hilft vielleicht nicht Dir direkt - aber es ist eine Maßnahme, um die übrigen Nutzer eines solchen unkooperativen Dienstes zu unterstützen.

Betreibt Datenhygiene, auch wenn es nervt und schwierig ist, aber es schützt eure Privatsphäre!

Potemkinsche Dörfer

TL;DR

- Außen hui - innen pfui: Strahlend schön nach außen - und dahinter nur Brachland
- Handwerk hat goldenen Boden - IT nicht: Pfusch am Bau
- Da hab ich mich wohl versprochen: Komm zu uns, wir haben Kekse!
- It's a Trap: Welcome to the Hotel California

Was haben Online-Konten mit Potemkinschen Dörfern zu tun?

Betrachten wir doch hierzu zunächst, woher der Begriff des Potemkinschen Dorfes kommt:

Historisch nicht belegt - aber der Sache ihren Namen gebend - war Feldmarschall Grigori Alexandrowitsch Potjomkin.

Dieser soll für Zarin Katharina II. Schaudörfer errichtet haben, um die tatsächliche Beschaffenheit der Landschaft bei einem Besuch der Zarin zu verschleiern.

Denn hinter den theaterkulissenartigen Fassaden versteckte sich lediglich karges Brachland.

Auch heutzutage wird der Einsatz Potemkinscher Dörfer genutzt, um renovierungsbedürftigen Häusern einen oberflächlichen Glanz zu verleihen.

Meiner Ansicht nach erleben wir dieses Vorgehen mittlerweile auch beim Aufbau von Online-Plattformen, -Shops und anderen Formen virtueller Interaktionsmöglichkeiten.

Strahlend schön nach außen - und dahinter nur Brachland

Mit der wundervoll prächtigen Fassade locken heute viele Online-Portale neue Kunden an.

Hier kommt mir Galadriel, die Herrin von Lothlorien in den Sinn:

> *"In the place of a Dark Lord you would have a Queen!*
> *Not dark but beautiful and terrible as the Morn!*
> *Treacherous as the Seas!*
> *Stronger than the foundations of the Earth!*
> *All shall love me and despair!"*

Von außen betrachtet wirkt alles frisch, hip, sehr innovativ und ganz leicht.

Als interessierter Neubürger eines solchen Potemkinschen Dorfes erhalte ich allerdings von außen keinen Einblick in die Situation und Infrastruktur meines zukünftigen virtuellen Wohnsitzes.

Die Außensicht endet bei der glanzvollen Fassade.

Ich muss meine Entscheidung, dort ansässig zu werden, allein auf dem äußeren Anschein aufbauen.

Erst wenn ich gewillt bin, mich dort anzusiedeln - und bereits meine ersten Daten dem Feldmarschall dieses speziellen Potemkinschen Dorfes überlassen habe - erst dann erfahre ich, wie es um die tatsächliche Beschaffenheit der Online-Plattform abseits des Augenscheins bestellt ist.

Die echte Funktionalität und die tatsächliche Qualität eines Online-Angebots sehen wir leider erst, wenn wir bereits angemeldeter Nutzer des Dienstes sind. Die Bedienbarkeit beispielsweise; Wirklichkeitsabgleich gegen Werbeversprechen sozusagen.

Dann ist es allerdings schon zu spät - was die Sicherheit unserer Daten (und unsere Privatsphäre) angeht.

*Diese negative Auswirkung können wir jedoch umgehen, indem wir uns für **jedes** Online-Angebot bei dem wir uns anmelden, eine **eigene** E-Mail-Adresse anlegen.*

Denn die E-Mail-Adresse ist das am häufigsten genutzte Identifikationsmerkmal für Plattformen dieser Couleur.

Pfusch am Bau

Die ursprünglichen Potemkinschen Dörfern bestanden aus bemalten Theaterkulissen vor Brachland.

Ganz so krass sind die virtuellen Ausgaben dieser vorgespiegelten Realität meist nicht, steht man als Nutzer doch nicht vollkommen im Ödland.

Aber der Vergleich zur verpfuschten Bauruine liegt nahe.

Das fatale an dieser Situation ist, dass der durchschnittliche Nutzer einer solchen verpfuschten Online-Bauruine nicht feststellt - zumeist auch nicht feststellen kann - , dass er sich in einer Bauruine aufhält.

Erst nach und nach kommen die unschönen Tatsachen ans Licht.

Wenn ich in einer Bauruine wohne, kann ich das in aller Regel sofort festellen (auch wenn ich kein Handwerker bin).

- Da sehe ich auf den ersten Blick, wenn Fliesen schlampig verlegt sind.
- Ich erkenne auch ohne fachliche Ausbildung, wenn bei den Fugen gepfuscht wurde.

In einer virtuellen Bauruine ist das etwas problematischer.

Hier erkenne ich als Laie nicht, wenn eine untaugliche Technologie als Basis für ein solches digitales Potemkinsches Dorf genutzt wird.

Auch eine handwerklich mangelhafte Umsetzung grundsätzlich tauglicher Technologien bemerken wir als Nutzer nicht.

Online ist das Problem *Pfusch am Bau* anders gelagert als Offline. In der virtuellen Welt treten die Probleme einer fehlerhaften oder schlampigen Implementierung nur sehr selten offensichtlich zu Tage. Hier wirken sich diese viel stärker im Hintergrund (quasi unsichtbar) aus - für die Nutzer sind mögliche Folgen allerdings umso gravierender; beispielsweise durch unbeschränkte Zugriffsmöglichkeiten auf hinterlegte Nutzerdaten.

Der Schutz von Nutzer- bzw. Kundendaten wird häufig immer noch als **Kostenfaktor** (und nicht als Wettbewerbsvorteil) angesehen.

Es bedarf zusätzlichen Entwicklungs- und Pflegeaufwands, um eine Online-Plattform so zu gestalten, dass die Daten der Nutzer sicher aufbewahrt werden.
Leider kenne ich an dieser Stelle keine einfache und pragmatische Lösung für das Dilemma. Der durchschnittliche Nutzer ist zumeist nicht in der Lage, zu erkennen, ob er sich in einem von Online-Handwerkern nach allen Regeln der Kunst gebauten virtuellen Haus befindet oder ob es sich um eine von Hilfsarbeitern zusammengepfuschte Bauruine handelt.

Ich denke, es hilft, wenn wir uns selbst - oder andere - fragen, ob wir diesen Dienst benötigen.

Komm zu uns, wir haben Kekse!

Eine weitere Wirkung eines digitalen Potemkinschen Dorfes ist seine Anziehungskraft aufgrund seiner täuschenden Strahlkraft.

Hier werden Versprechungen postuliert, welche erst überprüft werden können, wenn wir den - oftmals - falschen Versprechungen erlegen sind. Werbeversprechen sind stets - online wie offline - mit einem besonders kritischen Auge zu betrachten und zu hinterfragen. Wenn sich dazu noch der Umstand gesellt, dass wir außer den Werbebotschaften **nichts** haben, um das Angebot zu prüfen, **bevor** wir uns zur Nutzung dieses Angebots verpflichten, dann grenzt ein derartiges Geschäftsgebaren meines Erachtens an unlauteren Wettbewerb.

Es zeigt sich auch an anderer Stelle das ungleiche Macht- und Informationsgefälle zwischen Diensteanbietern und -nutzern: Wir Nutzer müssen dem Anbieter bereits bei der Anmeldung unsere Daten übergeben, erhalten dafür im Gegenzug jedoch lediglich einen ersten Einblick in Gestaltung und Umfang seines Angebots. Ein schlechter Tausch, wie ich finde.

Für etwas derartig wertvolles wie meine Daten erwarte ich eine bessere Gegenleistung als nur einige überzogene Versprechungen und aufwändig gestaltete Grafiken. Wir müssen unbedingt die Interessen des Diensteanbieters im Fokus behalten, wenn wir uns für einen Potemkinschen Anbieter entscheiden. Es gibt nichts umsonst - ganz besonders im Internet gilt es, dies zu beachten.

Je aufwändiger die Theaterfassade des Potemkinschen Online-Dorfes gestaltet ist, desto höher wird der Preis, den wir als Nutzer dafür zahlen müssen. Ganz besonderen Argwohn sollten wir hegen, wenn das Angebot als *kostenlos* angepriesen wird.

Genau dann kostet es uns besonders viel - nämlich unsere Daten, unsere Privatsphäre und letztlich unsere Freiheit.

Welcome to the Hotel California

Allzu oft zeigen sich Potemkinsche Plattformen als das *Hotel California*:

"You can checkout anytime you like but you can never leave."

Damit schliesst sich der Kreis zu meinem vorigen Artikel:
Wenn wir uns erst mal für einen Online-Dienst angemeldet haben, fehlt uns oft genug die Möglichkeit, diesen Dienst wieder zu verlassen.
Und selbst wenn wir uns abmelden - unsere Daten bleiben auf alle Fälle dort.
An dieser Stelle kommt mir ein Frühwerk der Ärzte ins Ohr:

"Du kannst gehen, aber deine Kopfhaut bleibt hier."

Wir haben leider nie die Gewissheit, dass die Daten, die wir freiwillig preisgegeben haben - Harry Potter, ick hör dir trapsen:

"Flesh of the servant, willingly sacrificed, you will revive your master."

- auch tatsächlich und unwiderbringlich gelöscht werden, wenn wir dies wünschen.

Alles, was wir online preisgeben, dient in erster Linie den Datenkraken - nicht uns.
Daher, überlegt euch wohl, was ihr preisgebt - schließlich wollen wir Lord Voldemort nicht zu neuer Macht verhelfen.

Gerade - und an dieser Stelle höre ich mich pessimistisch unken - *Start-ups* scheinen im epidemisch wuchernden Online-Markt nicht mit einem privatsphären-affinen Hintergrund gesegnet zu sein.
Ganz besonders, wenn es sich um Jungunternehmer neo-liberaler, transatlantischer Provenienz handelt.

Hier gilt der Datenschutz nur gerade so viel, dass er die Daten des Diensteanbieters, nicht jedoch die des Dienstenutzers schützt.

Darum nochmals meine dringende Exklamation:

Datensparsamkeit!

Also, was machen wir mit den meta-virtuellen Potemkinschen Dörfern - denn virtuell sind Potemkinsche Dörfer ja ohnehin schon.

Kritisch sein.

Wachsam sein.

Weniges das glänzt ist tatsächlich Gold.

Schwarze Datenlöcher

TL;DR

- Houston, we have a Problem: Astrophysiker sind keine Raketenwissenschaftler
- Wir sehen sie nicht und doch ist sie vorhanden: Dunkle Datenmaterie
- Minenarbeiter im Himmlischen Wesen: Datenschürfen im schwarzen Loch
- Genau so tückisch wie der Todesstern - Datenkraken: Das ist kein Mond!

Heute betrachte ich den Zusammenhang zwischen Online-Konten und Datenhandel.

Mir kommt es mitunter so vor, als ob Daten, die wir online preisgeben - egal ob über uns selbst oder über andere - in einem schwarzen Loch verschwinden.

Nun da ich diese These schriftlich formuliert lese, offenbart sich der Mangel der Analogie:

Ein schwarzes Loch ist es nur für den **Datenlieferanten.**

Der **Datensammler** hingegen scheint nicht an die physikalischen Gesetze der Schwerkraft in einem schwarzen Loch gebunden zu sein - er kann nach Belieben über die gravitativ angezogenen Daten verfügen (wohlgemerkt, Datendiebe übrigens auch).

Das ist kein Mond!

Das tückische im Zusammenhang mit Online-Plattformen ist, dass wir weder sehen noch ahnen, welche Daten über uns gesammelt werden - und in welchem Umfang dies geschieht.

Vielleicht lernen wir zukünftig, ein für unsere Privatsphäre gesundes Misstrauen gegenüber diesen Diensten zu entwickeln - aber momentan haben wir derlei Fähigkeit noch nicht ausreichend ausgeprägt.

Es ist erschreckend, wie groß das Ausmaß der Datensammelgier in den virtuellen Welten ist, in denen wir uns bewegen. Aktuell kann man das wieder bei der Dating-Plattform Tinder[67] beobachten.

Hier hat der Anbieter nicht nur diejenigen Daten gehortet, welche der Nutzer bei Tinder offengelegt hat; Interessantes aus Profilen von Facebook oder Google+ wurde ebenfalls gesammelt und alles miteinander korelliert. Und schon hat Tinder ein aussagekräftiges und umfassendes Profil über seine Nutzer zusammengestellt.

Uns sind oftmals die Möglichkeiten der Betreiber von Online-Portalen nicht bekannt und die daraus abzuleitenden Szenarien sind uns zumeist nicht bewusst. Häufig ist uns gar nicht klar, auf welche Datenquellen die Betreiber Zugriff haben (aus denen diese sich bedienen können, um ein umfangreiches Profil über uns zu erstellen). Dies alles geschieht natürlich nur, um uns "besser kennenzulernen" oder um mit uns als Kunde "eine klarere Kundenbeziehung" aufbauen zu können.

Wie wir bei genauer Betrachtung dieser Gründe sehen, verdrehe ich die Fakten ganz unfair zu Ungunsten der Datenkraken - entschuldigung, wieder so ein snowdenscher Versprecher - der Innovatoren natürlich.

Aber was geschieht denn nun mit unseren Daten ?

Verdichten sie sich immer mehr im Schwerkraftfeld des informatorischen Schwarzen Lochs?

Oder nutzen die kundenfreundlichen Innovatoren diese verdichteten Daten vielleicht doch für dunkle Zwecke weiter?

Datenschürfen im schwarzen Loch

Wie kommt nun dieser Zusammenhang zwischen Online-Konten und Datenhandel zustande?

Schwarze Löcher dürfen wir uns nicht wie Staubsauger vorstellen.

Sie ziehen nicht **aktiv** Dinge wie Raumschiffe, kleinere und größere Planeten, Sterne und unvorsichtige Astronauten in ihr extremes Schwerkraftfeld.

Schwarze Löcher haben - ganz in Abhängigkeit ihrer Größe - immer nur die Masse ihrer Sonnen, aus denen sie entstanden sind.

Das reicht jetzt vom mikroskopisch kleinen Schwarzen Loch bis zum supermassereichen Schwarzen Loch im Zentrum einer Galaxie.

Das bedeutet, erst wenn unsere Daten den Ereignishorizont eines Schwarzen Lochs - also quasi den *Point of no Return* - überschritten haben, erst dann werden sie unwiderbringlich von der Schwerkraft des Schwarzen Loches angezogen.

Und erst dann tragen diese Daten zur Zunahme der Masse dieses speziellen Schwarzen Datenloches bei.

Allerdings übertreten unsere Daten den Ereignishorizont bereits, sobald wir sie preisgeben.

Egal ob es sich um Daten handelt, die wir in einem Online-Formular eingeben.

Oder um Informationen, die wir auf sozialen Plattformen posten.

Oder ganz einfach um die Lokationsdaten, die unsere Smartphones übermitteln, wenn wir unterwegs sind.

Alle unsere Daten überqueren den Ereignishorizont und erhöhen somit die Masse des Schwarzen Datenlochs.

Schön wäre es, wenn unsere Daten wirklich in einem Schwarzen Datenloch verschwänden und eben dort unwiderbringlich festgehalten würden.

Leider ist dem nicht so.

Wenn ich Datenkraken mit Schwarzen Löchern gleichsetze und die Preisgabe unserer Daten mit dem Überschreiten des Ereignishorizonts vergleiche, dann beginnt meine Analogie stark zu hinken.

Denn der Weg in ein Schwarzes Loch ist unumkehrbar.

Aber ich gestatte mir an dieser Stelle die künstlerische Freiheit des Autoren.

Und um meiner Analogie gerecht zu werden, gebe ich den Datenkraken die technische Möglichkeit, Daten aus dem Schwarzen Datenloch zu schürfen.

Vielleicht stellen wir uns das ungefähr so vor, wie wir es von den *Guardians of the Galaxy* kennen - in der Minenkolonie von *Knowhere*.

Stellen wir uns weiter vor - und an dieser Stelle folgen wir wieder der physikalischen Theorie von Stephen Hawking - dass die Schwarzen Datenlöcher die in Ihnen gesammelten Informationen wieder freigeben, wenn sie das Zeitliche segnen.

Damit stehen die gesammelten Daten wieder zur Verfügung und können für die weitere Verarbeitung genutzt werden.

Worauf ich hinaus will ist folgendes:

Wir verlieren die Kontrolle über unsere Daten, sobald wir diese aus unserem Einflussbereich lassen.

Und das geschieht in dem Moment, in dem wir wissentlich oder unwissentlich Informationen erzeugen.

- eine Kurznachricht versenden,
- einen Post bei Facebook liken
- oder uns einfach irgendwo mitsamt unseres Fitness-Trackers bewegen.

Datenkraken und -händler profitieren davon.

Diese **können** und **werden** auf unsere Daten zugreifen.

Sie werden sie schürfen, korellieren und weiter verkaufen.

Dunkle Datenmaterie

Dunkle Materie ist ein weiteres physikalisches Postulat, um das Universum und überhaupt alles darin (und wahrscheinlich darum herum auch) zu erklären.

Das Vertrackte an dunkler Materie ist, dass sie nicht direkt sichtbar ist - aber trotzdem rein rechnerisch vorhanden sein muss.

Das kommt mir verdächtig bekannt vor, wenn ich über unsere Daten nachdenke.

Die Auswirkungen der Daten, die wir erzeugen (und die über uns gesammelt werden) sind auch nicht **direkt** sichtbar - aber sie sind da.

Wir sollten im Auge behalten (und in unserem Bewusstsein), dass alles, was wir digital und speicherbar von uns geben, auch dauerhaft verfügbar ist - und im Zweifel gegen uns verwendet wird.

Auch wenn wir dies nicht direkt mitkriegen und die Auswirkungen nicht sofort sehen.

Genau wie Dunkle Materie im Universum überall um uns herum vorhanden ist, so sind auch Daten, die wir erzeugen und die uns betreffen, allgegenwärtig.

Beides nehmen wir nicht unmittelbar wahr, aber beides beeinflusst unser Leben.

Der Vorteil von Daten gegenüber Dunkler Materie ist jedoch, dass wir Einfluss darauf haben.

Wir haben es im Griff, welche und wie viele Daten wir in Umlauf bringen.

Und in dem Maße, in dem wir Daten einsparen, reduzieren wir auch den gravitativen Einfluss der Schwarzen Datenlöcher auf unsere digitale Identität.

Astrophysiker sind keine Raketenwissenschaftler

"Habe nun, ach! Philosophie,
Juristerei und Medizin,
Und leider auch Theologie!
Durchaus studiert, mit heißem Bemühn.
Da steh ich nun, ich armer Tor!
Und bin so klug als wie zuvor."

Ähnlich wie Goethes' *Faust* geht es wohl nun auch dir, lieber Leser, nach diesem astrophysikalischen Ausflug.

Dir schwirrt der Kopf nun wie einst Sputnik um die Erde und du fragst - zu Recht! - was aber nun tue ich?

Bin ich doch kein Raketenwissenschaftler, Astrophysiker noch weniger!

Aber sei beruhigt - wir müssen weder das Eine noch das Andere sein, um unsere Privatsphäre vor dem gravitativen Zugriff der Schwarzen Datenlöcher zu bewahren.

Daher heute eine universelle Handreichung zum einfachen Datenschutz:

- Drum prüfe, was ich ewig speichere:

  sei **Datensparsam** - sei dir bewusst, dass **alles**, was du digital von dir gibst, **dauerhaft** gespeichert wird

- Don't feed the Black Holes:

  nochmals - sei **Datensparsam** - je **weniger** du über dich preisgibst, desto **besser** für deine Privatsphäre

- Datenwurmlöcher zwischen Schwarzen Datenlöchern sind dein Untergang:

  verknüpfe keine Online-Konten miteinander - halte deine digitalen Identitäten strikt getrennt

- Setze nicht alles auf eine Weltraumkarte:

  Diversifiziere deine Online-Aktivitäten - dein Kurznachrichtendienst in dieser Galaxie, deine soziale Plattform in jener, dein E-Mail-Anbieter in einer anderen.

Unsere datenkosmische Reise soll weder von datenhungrigen Schwarzen Löchern noch von konsumhungrigen Ferengiflotten oder imperialen Datenstürmern aufgehalten werden - daher lasst uns zu erfahrenen Datanauten werden und die immensen Vorteile einer modernen Datenzukunft lernen.

Sicher, datensparsam und informatorisch selbstbewusst.

Datenschilde hoch, Energie!

Recht egal

TL;DR

- Mut, Schokolade und ein Einhorn an unserer Seite: Was wir brauchen
- Physiker, aufgemerkt: Widerstand ist...
- Gemach, gemach: Regierungen - The Regulatory Sloth
- Wer schreibt der bleibt: Datensammler und AGB-Gestalter
- Juristisches Bauchempfinden: Recht gefühlt

Legal - illegal - scheissegal.

Das denke ich mir meistens, wenn ich mich durch die seitenlangen juristischen Kleinode epischen Ausmaßes hindurchquälen muß, sobald ich eine neue Anwendung installiere oder einen neuen Online-Dienst in Anspruch nehme.
AGB.

Drei Buchstaben für eine Garantie vollkommenen Unverständnisses.
Juristen schmunzeln und wir Laien - wir zucken bestenfalls die Schultern - und akzeptieren den verklausulierten Wahnsinn in Worten.
Was bleibt uns auch anderes übrig?
Wenn wir den Dienst nutzen wollen, dann müssen wir die AGB abnicken - ob wir sie gelesen haben oder nicht.
Von verstanden einmal ganz abgesehen.

Dieses Vorgehen zementiert einmal mehr das immense Machtgefälle zwischen Dienstanbieter und -nutzer oder besser zwischen Datensammler und -quelle.
Mir kommt es zuweilen so vor, als würden die Datenkraken versuchen, mit dem Einsatz unverständlicher AGB ihr moralisch - und zumindest in Teilen juristisch - fragwürdiges Geschäftsgebaren auf eine rechtlich unangreifbare Basis stellen.

Ungefähr so, wie wenn man seine Burg mit vier Burggräben voller Krokodile umgibt.

Drum herum noch einen zweihundert Meter breiten Minengürtel legt.

Und das ganze auf einem unbezwingbaren Berg erbaut.

Aber das ist nur mein Gefühl.

Ich alter Pessimist.

Wahrscheinlich beschuldige ich die arglosen Datensammlern zu Unrecht.

Die tun das alles bestimmt nur, damit unser *Nutzungserlebnis* noch besser wird ...

... oder welches Hohlphrasengewäsch auch immer aktuell en vogue ist ...

Recht gefühlt

Ich bin kein Jurist und meine Einschätzungen zum juristischen Vorgehen der Datenkraken sind rein subjektiv.

Dennoch hoffe ich, dass juristische Formulierungen wenigstens noch ansatzweise mit unserer gelebten Realität vereinbar sind.

Wenn ich von dieser Annahme ausgehe, dann kann ich wirklich nur verwundert fragen:

> "Dienstanbieter, Datensammler und Online-Profiteure - habt ihr se noch alle?"

Kein Mensch nimmt sich die Zeit, um 63 Seiten AGB für eine App zu lesen, die dem Nutzer helfen soll, effektiver mit seiner Zeit umzugehen. Sind Unternehmen mittlerweile Auffanggesellschaften für Arbeit suchende Juristen geworden?

Oder noch schlimmer - vielleicht sind für die meterlangen Pamphlete inzwischen gar keine Juristen aus Fleisch und Blut mehr notwendig?

Möglicherweise werden die Texte zwischenzeitlich und ganz im Sinne einer effizient verlaufenden Digitalisierung folgend von Big Data basierten und maschinenangelernten Juristenalgorithmen geschrieben?

Wundern würde es mich nicht.

Liebe Juristen - möglicherweise würde ich mir an eurer Stelle jetzt ein wenig Sorgen um meinen Job machen - schließlich geistern gerade aktuelle Statistiken durch die virtuellen Untiefen, in denen von 35 bis zu 47%[68] an durch Automatisierung gefährdeten Arbeitsstellen gesprochen wird - das sind wohl nicht nur Stellen im Bereich der ungelernten Arbeiter.

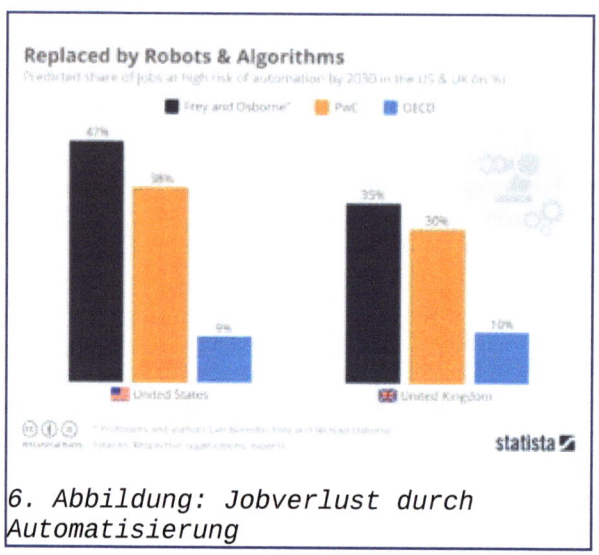

6. Abbildung: Jobverlust durch Automatisierung

Aber zurück zu meinem Gefühl.

Die Attitüde, mittels vollkommen unverständlich verklausulierter Nutzungsbedingungen seinen eigenen Arsch vor jeder möglichen Form eventuell auftretender Risiken (inklusive Angriffe durch Sauropoden, Stimmungsschwankungen und einem diffusen Gefühl von Paranoia) zu schützen, widerspricht dem ach so kooperativen Ansatz, den die meisten dieser Dienstanbieter und Plattformbetreiber in ihren hochglänzenden Wohlfühlwerbekampagnen zum Ausdruck bringen - bevor man einen gezwungenen Blick auf die in juristiche Worte gegossene Schauergeschichten werfen muss.

Was können wir tun?

Wir können überlegen, ob wir diesen Dienst, diese Plattform wirklich brauchen.

Ja, mir ist klar, dass wir durch unterschiedliche Seiten (peer-pressure, Unterzuckerung oder einfach Neugier) dazu genötigt werden, genau diesen Dienst zu nutzen.

Aber - und da formuliert Johann Nepomuk Nestroy diesen Zustand ganz stimmig:

> *"Ich bin mein eigener Herr, ich hab niemand Rechenschaft zu geben."*

Schlussendlich sind wir der Schmied unseres eigenen Glücks.

Es ist unsere Entscheidung, ob wir etwas tun oder nicht.

Also tun wir es - oder nicht.

Datensammler und AGB-Gestalter

Zuweilen sind AGB auch ein Quell der Erheiterung - wir müssen diese verbalen Untiefen mit ihren verschwurbelten Satzungetümen nicht nur als Last und Angriff auf unsere Freiheit betrachten.

Gibt es doch immer wieder literarische Kleinode, die uns die Augen für den darin lauernden Wahnsinn öffnen.

So hat z.B. der Anbieter für ein öffentliches WLAN, purple, jüngst seine AGB dahingehend erweitert, dass die Teilnehmer an dem Dienst sich dazu verpflichten

- lokale Parks von Hundekot zu reinigen
- streunende Katzen und Hunde in den Arm zu nehmen oder
- Schneckenhäuser zu bemalen

Eine großartige Aktion, zeigt es doch, dass die Nutzer eines Dienstes deren AGB schlicht nicht lesen.

Andernfalls hätten sicherlich mehr als zwei aufmerksame Leser diese

AGB hinterfragt - und nicht wie 22.000 andere Nutzer diese einfach abgenickt.

Ein Klassiker der AGB-Gestaltung ist auch die Maßgabe von *Van Halen*, dass es stets eine Schüssel mit M&M's[69] im Backstage-Bereich ihrer Konzerte geben müsse - jedoch explizit **ohne** braune M&M's.
Diese augenscheinlich sinnlose Klausel hat nur den einen Zweck - nämlich zu überprüfen, ob alle übrigen **sinnvollen** Klauseln der AGB (beispielsweise hinsichtlich der Sicherheit des Bühnenaufbaus), gelesen, verstanden und hoffentlich eingehalten wurden.
Wäre bei der einfachen und schnellen Prüfung der bereitgestellten M&M's-Schüssel eine illegale braune M&M's inkludiert - wäre dies Anlaß zum Abbruch des Konzerts.
Denn nun muß angenommen werden, dass an wesentlichen Stellen der Sicherheit genauso schlampig gearbeitet wurde.
Es ist quasi ein invertierter *Grubenkanarienvogel* - in diesem Fall schlecht, wenn er noch singt.

Auch an anderer Stelle sorgen AGB für ein gewisses Maß an Unterhaltung:
Gibt es doch mittlerweile die Facebook-AGB als Musical[70]!
Da soll mir noch einer sagen, AGB seien zu nix nutze - sie können immer noch als schlechtes Beispiel für sinnlose Zeit- und Wortverschwendung dienen und jetzt auch noch für Musical-Freunde einen erquicklichen Zeitvertrieb bieten.

Diese, zumeist als Kritik an der bestehenden Gestaltungsweise von AGB, zu verstehenden Ausreißer im AGB-Gestrüpp bringen jedoch eines wieder deutlich zum Vorschein:
AGB sind eine Sicherung der Dienstanbieter gegenüber den Dienstnutzern.

Hier wird klar abgegrenzt, wer der Chef im Ring ist. Von diesem Standpunkt aus gesehen auch eine berechtigte Vorgehensweise.

In meinem Haus gelten auch meine Regeln - nicht die meiner Gäste. Der Unterschied besteht jedoch darin, dass ich im Gegensatz zu AGB-verseuchten Datensammlern meinen Gästen nicht sämtliche Rechte abspreche, so wie wir dies unter anderem bei Facebook[71] sehen:

"Du gewährst uns eine nicht-exklusive, übertragbare, unterlizenzierbare, gebührenfreie, weltweite Lizenz für die Nutzung jedweder IP-Inhalte, die du auf bzw. im Zusammenhang mit Facebook postest (IP-Lizenz)."

Das ist ungefähr so, als würde ich von Besuchern meines Hauses verlangen, dass alles, was sie dabei haben, in meinen Besitz übergeht. Eigentlich eine gute Idee - vielleicht sollte ich das einmal versuchen! Kommt vorbei - und bringt euer Tafelsilber mit!

Also, was können wir tun?

`Die AGB lesen - sorgfältig.`

(Ja - ich höre euch. Und wieder sage ich: Was **können** wir tun. Ich sage nicht, dass wir das **immer** tun. Aber wir **können**.)

Regierungen - The Regulatory Sloth

Die Ausgestaltung von AGB ist ein Thema, welches wir schwerlich durch digitale Selbstverteidigung in den Griff bekommen.
An dieser Stelle benötigen wir die Unterstützung unserer Regierungen.
Allerdings - und an dieser Stelle rückt die Führerscheinstelle aus *Zootropolis* vor mein inneres Auge - sind Regierungen systemimmanent eher auf der geschwindigkeitsreduzierten Seite.

Es ist schlicht unmöglich, dass Regierungen jedem innovativen Luftzug eines Cyber-Cyber-Unternehmens folgen - auch wenn der Luftzug aus dieser Ecke derzeit eher einem mittelschweren Orkan gleicht.

Darüber hinaus haben Regierungen auch das Wohl der Unternehmen im Blick - und deren Lobbyisten im Nacken.
Und die sind deutlich zahlreicher als die Lobbyisten der Nutzerrechte.

Steppenroller - zirpende Grillen

Ne, ehrlich. Regierungen tun etwas. Für uns.
Die EU-DSGVO hilft dem Verbraucher und Träger von personenbezogenen Daten (ja, wir sind **alle** Datenträger).
Aber es dauert eben einfach sehr, sehr, sehr, sehr lange bis diese Maßnahmen wirken.
Und leider werden diese Zeiträume juristischen Vakuums von den Datensammlern genutzt.
Die beschäftigen schließlich Horden von Anwälten und ähnlichen Juristen (oder zumindest juristisch maschinenangelernte Algorithmen), um Lücken in den Gesetzestexten zu finden und juristische Klippen zu umschiffen.
Die Unternehmen sind nämlich schnell - hier fällt mir *Hammy* aus *Over the Hedge* als Sinnbild ein.
Also, was tun?

Widerstand ist...

Nein, Locutus, Widerstand ist **niemals** zwecklos!

Bei Widerstand geht es schon grundlegend darum, seinen Widerstand zu signalisieren.

Oder um es mit den Worten von President Thomas Whitmore zu sagen:

"We will not go quietly into the night!"

Es geht auch darum, zu zeigen, dass wir mit dieser Machtassymmetrie nicht einverstanden sind.

Es geht darum, unseren Standpunkt, unser Recht auf informationelle Selbstbestimmung zu verteidigen.

Erhöhen wir die Spannung - verstärken wir unseren Widerstand!

Was wir brauchen

Mehr Mut, mehr Initiative und zunächst:

verständlichere AGB.

Eine hilfreiche Idee wäre eine ikonografische Form von AGB.

Das würde zumindest helfen, die Regelungen der Nutzungsbedingungen schneller zu erfassen - ohne stundenlang trockene Texte zu lesen.

Dies löst jedoch noch nicht die Diskrepanz zwischen Akzeptieren und Nutzen gegenüber Ablehnen und Verzichten.

An dieser Stelle wäre eine Aufteilung einer großen, alles umfassenden AGB in diskrete Teile hilfreich.

Damit könnten - und müssten - technisch unabhängige Teile einer Plattform oder eines Dienstes auch juristisch voneinander getrennt werden.

Dadurch wäre klar, dass ich A nur zustimmen muss, wenn ich A auch wirklich zu nutzen gedenke.

Will ich nur B nutzen, muß ich mich nicht mit A beschäftigen (auch nicht hinsichtlich gewisser Rechte, die ich einem Dienst oder einer Plattform einräumen müsste).

Aber ach, ob derartiges überhaupt darstellbar und machbar ist?

Bestimmt; aber einfach wird's nicht - möchte ich mal sagen!

Nun, wir müssen uns von **einfach** jetzt einfach mal verabschieden.

Was ist schon einfach?

Leben nicht, dessen bin ich mir sicher, aber lohnend!

So lohnend.

Also, sammelt euren Mut, Kämpfer für eine selbstverteidigte Privatsphäre.

Es gibt zu viel zu verlieren, um den Kopf in den Sand zu stecken.

"No retreat, baby, no surrender."

Recht hast du, Bruce.

Geld und Privatsphäre

Wie uns Geld überwacht

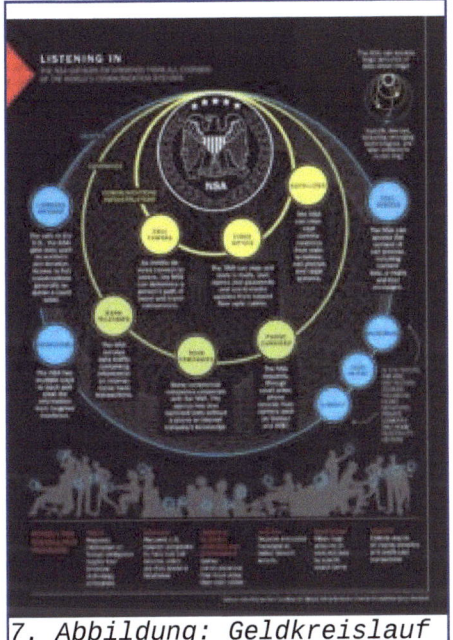

7. Abbildung: Geldkreislauf
in der Überwachung

TL;DR

- Digitale Finanzströme: Online sind wir nackt
- In the name of money: Wir zahlen mit unserem guten Namen - Kreditkarten
- Bringing it all together: Hybride Überwachung - online meets offline
- The Future: Daten sind Ge|old

"Money makes the world go round"
"Pecunia non olet"
"Nur Bares ist Wahres"

Diese Weisheiten stimmen uns auf meine Artikelserie zum Thema *Geld und Privatsphäre* ein.

Geld als abstraktes Tauschmittel und äußere, vergleichbare Form von materiellem Reichtum ist ein Thema, das unsere Gesellschaft bewegt - manch einen sogar treibt.

Bemaß sich der Wert eines Unternehmens früher noch an greifbaren Werten wie Gold, Immobilien oder Rohstoffen wie Öl - so kommt heute ein neuer Rohstoff ins Geldspiel:

Daten

In den kommenden fünf Artikeln will ich daher auf den Zusammenhang zwischen Geld (in welcher Form auch immer) und unserer Privatsphäre eingehen.

Beginnen werde ich heute mit der Tatsache, dass Geld uns überwachen kann.

Im folgenden Artikel betrachte ich neue Gefahrenpotenziale durch Funktechnologien in diversen Geldkarten.

Anschließend werfe ich einen Blick auf Online-Banking in seinen unterschiedlichen Ausprägungen.

Einen Schwenk zu den schwer überwachbaren Alternativen zu elektronischen Finanztransaktionen mache ich im darauf folgenden Artikel.

Den Abschluss der Reihe bildet ein Ausblick auf neue Geldformen und ihren Einsatz.

Aber beginnen wir zunächst mit den Überwachungsmöglichkeiten, die Geld bietet.

Online sind wir nackt

Bringe ich es doch einfach gleich auf den Punkt:
Unsere elektronisch ausgeführten Finanztransaktionen werden von der NSA gelesen.

Weltweit.

Fast alle.

Für diese Geldschnüffelei[72] betreibt die NSA laut Edward Snowden sogar eine eigene Abteilung: *Follow the Money*.

Die Erkenntnisse aus dieser globalen Überwachungsaktion fließen in die NSA-eigene Finanzdatenbank *Tracfin*.

Bereits 2011 umfasste diese Datenbank ungefähr 180 Millionen Datensätze (und davon waren etwa 84% Kreditkartendaten).

Aber es ist ja alles "for the greater good".

Ich bin immer wieder fassungslos, mit welch bescheuerten Argumenten der größte Überwachungsirrsinn immer wieder gerechtfertigt wird.

Mir gibt es ein schlechtes Gefühl, wenn ich weiß, dass alle meine Finanztransaktionen gesammelt und bewertet werden.

Ich halte es für entsetzlich, dass wir alle unter Generalverdacht stehen, wenn wir online etwas einkaufen. Oder noch schlimmer: bar bezahlen :)

Es geht verdammt noch mal niemanden etwas an, was ich mir für mein hart verdientes Geld beschaffe.

Und kommt mir bloß nicht mit der Argumentation, dass die Daten ja nur bei der NSA liegen.

Wie Edward Snowden 2013 gezeigt hat, ist es durchaus möglich, auch aus diesem Geheimclub Arme voll Daten rauszutragen.

Warum sollte das nicht auch einem Datenhändler, Cyber-Kriminellen oder sonstigem Schmutzbuckel gelingen?

Dann nämlich stehen wir noch ein wenig nackter im digitalen Wind der Online-Erpressbarkeit.

Wir zahlen mit unserem guten Namen - Kreditkarten

Kommt jetzt bitte nicht auf die Idee, eure Kreditkarten-gestützten Käufe offline zu tätigen, um euren guten Namen zu retten.

Das wird uns leider nicht retten.

Bloß weil **wir** unsere Daten offline zur Verfügung stellen, heißt das nicht, dass diese Daten nicht trotzdem in der Tracfin-Datenbank landen.

Mittlerweile werden spätestens am Kreditkartenterminal unsere Daten elektronisch weiterverarbeitet und landen dann mit hoher Wahrscheinlichkeit bei *Follow the Money*.

Damit sichergestellt werden kann, dass wir wirklich nur Gummibärchen online ordern und kein Hexamethylentriperoxiddiamin für unseren nächsten Sprengkörper kaufen wollen. Puh, wirklich, als ob ich sowas kaufen würde. Online.

Das hole ich mir schließlich bei meinem vertrauenswürdigen Schwarzhändler um die Ecke.

Dass Kreditkarten eine vertrauenswürdige und sichere Form der Bezahlung seien ist eine Illusion.

Das sollte sich inzwischen überall herumgesprochen haben.

Immer wieder decken Sicherheitsforscher, unter anderem Brian Krebs[73], Kreditkartendiebstähle in ungeheurem Umfang auf.

Es ist pure Bequemlichkeit, die Kreditkarte zu zücken, anstatt das Bargeld aus der Geldbörse heraus zu zählen.

Zugegeben, es gibt einige Dienstleistungen, da wird eine Kreditkarte zwingend vorausgesetzt.

Mir fallen da Autovermietungen oder Hotelreservierungen mit garantierten Zimmern ein.

Naja, seufz, legen wir uns für diese Zwecke eine Kreditkarte mit geringem Limit zu - dann ist der finanzielle Schaden wenigstens eng begrenzt.

Unsere Daten und unsere finanziellen Bewegsdaten sind wir dann allerdings immer noch los.

Hybride Überwachung - online meets offline

Seit kurzem ist die auch die Argumentation

"Aber mit Kreditkarten werden wir ja *nur* online, respektive offline, überwacht"

dahin.

Zuerst Google[74] und jetzt auch Facebook[75] haben eine Möglichkeit für ihre werbetreibenden Datenkrakenkunden geschaffen, Einkäufe, die **offline** durch Kreditkarten bezahlt werden, jetzt auch **online** weiter zur Komplettierung von Profilen heranzuziehen.

Schöne neue hybride Überwachungswelt.

Damit wird die Kreditkarte neben dem Smartphone zur nächsten Überwachungswanze, die wir **freiwillig** mit uns herumtragen.

Das perfide bei der Überwachung unserer Kreditkartenzahlungen, die wir offline durchführen, ist, dass wir hier gar nicht die Möglichkeit haben, dieser Überwachung zu widersprechen.

Im Online-Bereich sprechen wir von zwei Möglichkeiten der Zustimmung zu Diensten, in die wir einwilligen.

Es gibt die datenschutztechnisch positive Sichtweise des *Opt-In*.

Dies bedeutet, ich muss mich **aktiv für** die Nutzung eines Dienstes oder einer Dienstleistung entscheiden.

Erst wenn ich zugestimmt habe, fließen meine Daten in Richtung eines Datensammlers ab.

Die negative, aber in der breiten Masse der Angebote gängigere Variante ist die des *Opt-Out*.

Hier bin ich als Standard bereits in der Situation, dass meine Daten abgezogen werden.

Erst wenn ich mich **aktiv gegen** diese Weiterverarbeitung entscheide, kann ich aus diesem System aussteigen.

Da diese Möglichkeit zum einen eine **aktive** Handlung eines Dienstleistungsnehmers erfordert - und weil die Möglichkeit zum Opt-

Out oft nur sehr schwierig zu finden ist - nehmen viele Nutzer diese Möglichkeit gar nicht erst wahr.

Und bei der Kreditkartennutzung im Offline-Bereich ist uns oft schlicht keine **Möglichkeit** gegeben, uns gegen die Weiterverarbeitung der von uns gesammelten Kreditkartendaten durch Facebook, Google und andere wehren zu können.

Daten sind Ge|old

Letztendlich sind Daten Geld.

Nur leider nicht unseres.

Wir sind nur die Geldquelle, die Datenmine, aus der die Datensammler und -händler fleißig schürfen.

Wir werden weder gerecht entlohnt für die Daten - also das Geld - welche wir den Datenkraken zur weiteren Veredelung und zum Handel geben.

Noch erfahren wir den (Geld-)Wert, den unsere Daten haben.

Durch diese Wissensasymmetrie sind wir als Datenlieferanten gegenüber den Datenhändlern in einer massiv schwächeren Position.

Wenn ich nicht weiß, über welche Werte ich verfüge, kann ich nicht angemessen handeln.

Wir sind wie die Lenape, die Manhattan 1626 an Peter Minuit für 60 Gulden verkauft haben.

Lernen wir den Wert unserer Daten schätzen!

Unsere Daten sind **unser** Gold.

Daten sind bereits Teil einer neuen Währung - achten wir darauf, dass wir nicht das Manhattan unserer digitalen Identität für eine Handvoll Glasperlen an die digitalen Imperialisten verschleudern.

Lernen wir, unser digitales Manhattan zu schützen und zu verteidigen.

Es ist das Kernland unseres digitalen Ichs.

Es geht um unsere Freiheit.

NFC - Taschendiebstahl digital

TL;DR

- ARD, BRD, CSU, NFC - oje, oje: Drei Buchstaben für mehr Bequemlichkeit
- So nah, so schlecht: Und was habe ich davon?
- No use, no danger? - Was kann denn schon passieren?
- Das bisschen Digitalgeld: Wo Nahfeld sonst noch drin ist
- Wir haben die Macht: NFC-Karten dumm machen

Drei Buchstaben für mehr Bequemlichkeit - NFC

Und wieder eine neue Drei-Buchstaben-Kombination, die unser Leben erleichtern soll.

Und wieder ein Moment, an dem sich mir die Nackenhaare sträuben. Das geschieht (fast) immer dann, wenn mehr Bequemlichlichkeit angepriesen wird.

Mehr Bequemlichkeit geht stets mit einer Einbuße an anderer Stelle einher.

Im Falle von NFC ist das eine Einbuße im Bereich Datensicherheit und Privatsphäre.

Aber sehen wir uns zunächst an, wofür NFC steht.

Near **F**ield **C**ommunication, also Nahfeldkommunikation.

Nahfeld bedeutet wirklich nah - also Entfernungen von wenigen Zentimetern, etwa im Bereich von 5 - 10 cm, maximal 20 cm.

Eingesetzt wird diese Form kontaktloser Datenübertragung im Bereich von Schließsystemen, Zugangskontrollen, Paßkontrollen und mittlerweile auch bei der Bezahlung.

Und weil es so furchtbar bequem ist - wir müssen jetzt keine Karte, keinen Stift oder irgendeine andere Form von Datenträger mehr **in** ein Lesegerät stecken - wird diese Technologie aktuell von der

Finanzbranche als der neueste heiße Scheiß gehyped.
Seufz.

Grundsätzlich halte ich es für ein gutes Vorgehen, wenn man Ideen, die mit brachialer Marketing-Macht unters Volk gekippt werden, zunächst sehr kritisch gegenüber steht.
So wie dem plötzlichen Auftauchen von glutenfreien Lebensmitteln, veganem Analogkäse und Self-Checkout- bzw. Self-Checkin-Terminals.

Funktionierende Konzepte brauchen schlicht Zeit, um sich durchzusetzen und ihre Tauglichkeit unter Beweis zu stellen.
Die Lungenatmung bei Landlebewesen hat sich auch nicht über Nacht durchgesetzt und die Erde hat auch knapp 2,3 Milliarden Jahre Abkühlzeit gebraucht, um halbwegs bewohnbar zu werden.
(Dafür braucht die Menschheit keine halbe Generation, um den Planeten zurück in den Zustand "reif für die Verschrottung" zurückzusetzen.)

Und was habe ich davon?

Schauen wir uns doch zunächst an, welche Vorteile diese uns ach-so-nahe Technologie bescheren kann.
Schweigen im Walde

Oh, Verzeihung, ich habe nach **sinnvollen** Vorteilen Ausschau gehalten.
Setze ich doch kurz meine rosarote Brille der Bequemlichkeit auf und schnüffle schnell mal am Klebstoff der Marketingversprechen.
Dann sehe ich natürlich Unmengen an **gesparter Zeit**, die ich nicht mehr in langen Schlangen an Supermarktkassen verbringen muss, weil mir ja jetzt einfach im Vorbeilaufen in meine digitale Geldbörse gegriffen wird.
(Ich fühle schon die Kälte der Grauen Herren um mich herum aufziehen.)

Da spüre ich den Wind der Innovation, der mir um die mit Innovationskoks gepuderte Nase weht, während ich meine eigene NFC-gesteuerte Grenzkontrolle durchlaufe.
(Stand von euch schon mal jemand in dieser elenden Self-Checkin-

Border-Control-Schlange in Heathrow? - Da gehts auch nicht schneller voran, als wenn ein echter Mensch mein gesamtes Gepäck händisch auf Drogen, Bomben oder Sex-Pistols-CDs durchsucht.)

Da öffnet sich wie von elektronischer Zauberhand gesteuert meine Bürotür, wenn ich nur glücklich mit meinem Mitarbeiterausweis wie mit einem Zauberstab vor dem Lesegerät wedle.
(Alohomora.)

Schnell wieder die rosarote Brille abgesetzt.
Gut, ich bin Technologie-Pessimist.
Eine Kassandra der Privatsphäre.
Ein einsamer Warner im Wald der wahnwitzigen Entwicklungen.

Genau darum lautet mein Fazit:
Da ist kein sinnvoller Anwendungsfall sichtbar.
Weder nah noch fern.

Wo ist bitteschön der Vorteil, wenn ich meine Geldkarte nur in die **Nähe** des Bezahlterminals halte, anstatt es einfach **in** das Terminal zu stecken?
Zumal es zumeist **dasselbe** Terminal ist.
Nun ja, für zittrige Hände womöglich.
Wer weiß, was dieses Terminal aus meinen dreiundzwanzig weiteren NFC-fähigen Karten ausliest, die auch noch in meinem Geldbeutel stecken, den ich so bereitwilig dem Bezahlterminal als Opfergabe zu Füßen lege?
Von welcher meiner dreiundzwanzig NFC-fähigen Karten bucht das Terminal denn gerade meine Packung Kaugummis und die Schachtel Zigaretten ab?
Oder vielleicht doch gleich von allen?

Wo bitte ist mein Vorteil, wenn ich meine NFC-fähige Geldkarte aus meiner Gedlbörse ziehe und dem freundlichen Kassenpersonal übergebe?
Da ist es mir doch vollkommen schnuppe, ob diese die Karte einfach über

das Terminal wedeln *(Alohomora!)* oder in den sowieso vorhandenen Schacht schieben.

Wo ist mein Vorteil, wenn ich mich an der Grenzkontrolle vor eine Kamera stelle, ausgeleuchtet werde wie ein Model beim Fotoshooting und gleichzeitig meinen Reisepass auf einen Scanner lege ? Verglichen mit der Möglichkeit, einem echten Menschen meinen Reisepass zu geben, diesem schüchtern (oder mit festem Blick - je nachdem wie stabil unser Gewissen ist) in die Augen zu schauen und darauf warte, einreisen zu dürfen. Oder eventuell niedergeknüppelt, festgenommen und mit dem nächsten Flug zurückgeschickt werde.

Ist es nicht ein viel handfesteres Gefühl von Tätigkeit, einen Schlüssel ins Schloß zu stecken und beim aufschließen wirklich zu merken, wie hier mechanisch Zutritt gewährt wird?

Ehrlich, hier ist kein Blumentopf für diese Technologie zu gewinnen.

Weder zeitlich noch sicherheitsseitig, und auch nicht vom zu treibenden Aufwand her.

Was kann denn schon passieren?

Die haben gesagt, es sei sicher.

Die haben beschworen, da kann **gar nichts** passieren.

Dieses marketing-technische Beschwichtigungs-Blabla kennen wir zur genüge von jeder Technologie oder sonstigen politisch gepushten Idee.

> *"Die Renten sind sicher."*
> *"Der will nur spielen."*
> *"Spinat enthält viel Eisen."*

In diese Bresche schlagen auch die Anbieter von NFC-Bezahldiensten - wie etwa die Sparkassen.

Dort heißt es[76]:

> *"NFC gilt – unter anderem wegen der kurzen Reichweite des Signals – als sehr sicher."*

Nun ja, sehr sicher ist **sehr relativ**.

Es reicht bei NFC eben aus, wenn mir ein Dieb nahe kommt, um meine digitale Geldbörse auszurauben.

Mir muss dabei physisch nichts geraubt werden - meine Geldbörse etwa - um mir finanziellen Schaden zuzufügen.

Es genügt bereits, wenn der Dieb in meine Nähe kommt - so ungefähr in 10 - 20 cm Entfernung.

Und diese Abstände reichen Taschendieben allemal aus - die kommen mir sogar deutlich näher.

Außerdem geht es beim digitalen Taschendiebstahl nicht nur um mein elektronisches Kleingeld - wir sprechen hier wie bei der Geldkarte über Beträge bis 25€ - sondern wir gefährden damit auch unsere digitale Identität.

Denn ein digitaler Nahfelddieb erfährt aus unserer elektronischen Geldbörse im Zweifel auch einiges über unser Konsum- und

Bewegungsprofil.

Es werden hier schließlich auch weitere Daten über unser bisheriges Kaufverhalten gespeichert.

Und wird uns die NFC-fähige Karte physisch gestohlen - so kann der Dieb bis zur Sperrung der Karte über den digitalen Geldbestand verfügen.

Wo Nahfeld sonst noch drin ist

NFC ist eine dieser nahezu ubiquitären Technologien wie wir sie heuer in unterschiedlichen Bereichen erleben.

Der Einsatz von kontaktlosem Bezahlen tritt unter anderem mittlerweile auch in weiteren Bezahl(k)arten auf.

So nutzen inzwischen auch Kreditkarten diese kontaktscheue Form des Geldtransfers.

Mit den gleichen, schwachen Sicherheitsmerkmalen wie die anderen NFC-befähigten Geldkarten:

Wer in die Sendereichweite einer NFC-Karte kommt, kann deren Bezahlwilligkeit ausnutzen.

Ohne PIN. Ohne Unterschrift.

Hit and run quasi. Nur eben ohne das **hit**, weil ist ja kontaktlos.

Reisepässe.

Damit wir ganz kontaktlos und dennoch vollständig überwacht einreisen können.

Nun, da frage ich mich, wer meine Daten sonst noch auslesen kann.

Es ist bei Technologien ja nicht etwa so, als wären diese nur den *berechtigten* staatlichen Stellen zugänglich.

Man soll ja schon davon gehört haben, dass unberechtigte, möglicherweise mit krimineller Energie gesegnete Zeitgenossen sich dieser Technologie bemächtigen / bedienen.

Nein! Doch!! Ohh!!![77]

Also - mir fehlt an dieser Stelle die kriminelle Fantasie, um mir auszumalen, was jemand mit den Daten meines Reisepasses anfangen will - aber ich bin mir sicher, dass ich nicht will, dass jemand über meine Daten verfügt.

Über meinen Fingerabdruck zum Beispiel.

NFC-Karten dumm machen

Doch - zum Glück - können wir uns selbst verteidigen!

Wir können uns informieren, aufbegehren - und im NFC-Fall sogar auf einfache Weise etwas gegen diese Nahfeldbevormundung unternehmen!

Abschalten!

Da alle neu ausgegebenen Geldkarten mit NFC-Funktionalität ausgestattet sind und dieses auch standardmäßig aktiviert ist, sollten wir hier direkt handeln.

Das Vorgehen der Banken zeigt ebenfalls, dass diese die Bequemlichkeit der Kunden der Privatsphäre der Kunden vorziehen.

Es sind ja nicht die Bankdaten, die riskiert werden, sondern nur die Privatsphäre der Kunden.

Ganz schlechter Schritt, liebe Banken.

Vorbildhaft wäre hier der **Privacy by Design** Ansatz, der davon ausgeht, dass neue Funktionalitäten, die die Gefahr der Einschränkung der Privatsphäre mit sich bringen, standardmäßig **deaktiviert** sind und nur im Fall einer informierten und gewünschten Nutzung des Dienstes aktiviert werden.

Wir sehen hier wieder, dass die negative Vorgehensweise des Opt-Out einem positiven Opt-In vorgezogen wird.

Aber zurück zu unseren Möglichkeiten:

Wir können die NFC-Funktionalität deaktivieren.

Die Banken haben diese Möglichkeit alle umgesetzt - leider unterschiedlich kundenfreundlich.

Volksbanken gehen an dieser Stelle wesentlich kundenfreundlicher und zeitgemäßer vor.

Hier kann der Bankkunde die NFC-Funktionalität selbsständig an einem **Bankautomaten** deaktivieren und bei Wunsch auch wieder aktivieren.

Die Sparkassen gehen hier einen deutlich beratungsintensiveren Weg. Der privatsphären-affine Kunde muss hier die NFC-Funktionalität seiner Bankkarte durch einen Mitarbeiter der Bank deaktivieren lassen. Naja. Aber immerhin: es geht!

Und ich rate dringend dazu, diesen Schritt zu gehen und NFC auf allen Bankkarten zu deaktivieren.

Aluhut für die Karten

Eine weitere, noch einfachere und in meine Augen daher noch viel charmantere Lösung ist der Einsatz einer **Schutzhülle** aus einem Material, welche den NFC-Chip abschirmt. Quasi ein Aluhut für die Geldkarte.Inzwischen gibt es neben speziellen Kartenetuis auch Geldbörsen, in die abschirmendes Material eingewebt ist.

Reisepass, gut durch

Ein Reisepass ist ein gültiger Reisepass - auch ohne intakten NFC-Chip. Der Chaos Computer Club (CCC)[78] hat einem kurzen Video[79] anschaulich gezeigt, wie der privatsphären-affine Reisende seine informationelle Selbstbestimmung selbstverteidigen kann. Wenn der Reisepass *ausversehen* (hust) auf das Induktionsfeld in der Küche fällt, reicht der Puls des Kochfeldes aus, um den NFC-Chip zu *deaktivieren*. Anschließend haben wir weiterhin einen gültigen Reisepass und unsere Daten wieder besser im Griff. Das Einzige, was uns jetzt entgeht, ist der Spaß des Self-Checkins bei der nächsten Auslandsreise. Oder ein anregendes Gespräch mit Grenzbeamten, sollten wir dies dennoch versuchen.

Noch mehr Bücher!

ZEN oder die Kunst, seine Privatsphäre zu schützen

Das Taschenbuch (ISBN-13: 9783744837637)

Das eBook (ISBN-13: 9783744844789)

Gedanken zur digitalen Entgiftung

Der Blog 2016 – analog

Das Taschenbuch (ISBN-13: 9783744819626)

Das eBook (ISBN-13: 9783744843881)

Kontakt

./. Manufaktur für digitale Selbstverteidigung

Web

https://data-detox.de

Mail

offline@data-detox.de

OpenPGP

Key-ID: 0xa6394fa3

Fingerprint: 2cb9 7963 dcf3 3984 af77 8b6e 513f e03e a639 4fa3

Endnoten

1 https://www.bod.de/buchshop/zen-oder-die-kunst-seine-privatsphaere-zu-schuetzen-jens-glutsch-9783744837637
2 https://www.bod.de/buchshop/zen-oder-die-kunst-seine-privatsphaere-zu-schuetzen-jens-glutsch-9783744844789
3 http://www.lektorat-turini.de/
4 http://www.tuminello.de/
5 https://www.bundestag.de/gg
6 https://www.heise.de/security/meldung/Umfrage-Nur-16-Prozent-der-Deutschen-verschluesseln-ihre-E-Mails-3720597.html
7 https://www.heise.de/newsticker/meldung/Verfassungsrechtler-BND-Datenabgriffe-an-Netzknoten-sind-hochgradig-illegal-3289425.html
8 https://www.gnupg.org/
9 https://gpgptools.org/
10 https://www.gpg4win.de/
11 https://en.wikiquote.org/wiki/Albert_Einstein#Disputed
12 https://posteo.de/de
13 https://mailbox.org/
14 https://de.wikipedia.org/wiki/USA_PATRIOT_Act
15 https://www.shape.nato.int/page13417157
16 https://de.wikipedia.org/wiki/Visby-Klasse
17 https://www.torproject.org/projects/torbrowser.html.en
18 https://www.kuketz-blog.de/konfiguration-des-tor-browser-bundles-not-my-data-teil3/
19 https://www.mozilla.org/de/firefox/products/
20 https://noscript.net/
21 https://www.eff.org/de/https-everywhere
22 https://addons.mozilla.org/de/firefox/addon/ublock-origin/
23 https://github.com/Cookie-AutoDelete/Cookie-AutoDelete
24 https://vivaldi.com/?lang=de_DE
25 http://lynx.invisible-island.net/
26 https://guardianproject.info/apps/orfox/
27 https://guardianproject.info/apps/orbot/
28 https://f-droid.org/repository/browse/?fdfilter=firefox&fdid=de.marmaro.krt.ffupdater
29 https://www.eff.org/
30 https://adnauseam.io/
31 https://seelengevögelt.de/
32 https://blog.data-detox.de/2016-11-17_das-ist-alles-so-kompliziert/
33 https://de.wikipedia.org/wiki/Virtual_Private_Network
34 https://cs.nyu.edu/trackmenot/#how
35 https://cs.nyu.edu/trackmenot/

Endnoten

36 http://www.nyu.edu/projects/nissenbaum/
37 https://rednoise.org/~dhowe/
38 https://www.heise.de/tp/features/Google-weiss-was-Kunden-mit-Kreditkarten-in-Geschaeften-kaufen-3723758.html
39 https://www.ccc.de/updates/2008/schaubles-finger
40 http://www.journals.uchicago.edu/doi/abs/10.1086/691462
41 https://de.wikipedia.org/wiki/Panopticon
42 https://www.theregister.co.uk/2016/12/07/fitbit_buys_pebble_kills_pebble/
43 https://www.virusbulletin.com/testing/vb100/latest-rap-quadrant/
44 https://sourceforge.net/projects/dban/
45 http://keepass.info/
46 https://www.keepassx.org/
47 https://betanews.com/2016/03/23/malware-detect-sandbox/
48 https://arstechnica.com/information-technology/2017/03/hack-that-escapes-vm-by-exploiting-edge-browser-fetches-105000-at-pwn2own/
49 https://arstechnica.com/information-technology/2016/03/to-bypass-code-signing-checks-malware-gang-steals-lots-of-certificates/
50 https://microblog.data-detox.de/2017-07-31_schlangenoel-als-datendieb/
51 https://www.directdefense.com/harvesting-cb-response-data-leaks-fun-profit/
52 anmerkungen@blog.data-detox.de
53 https://netzpolitik.org/2017/geheimes-dokument-das-bka-will-schon-dieses-jahr-messenger-apps-wie-whatsapp-hacken/
54 https://wikileaks.org/ciav7p1/
55 http://faktenfinder.tagesschau.de/ausland/wanna-cry-cyberangriff-101.html
56 https://www.bleepingcomputer.com/news/security/ransomware-was-the-most-prevalent-malware-payload-delivered-via-email-in-q2-2017/
57 https://microblog.data-detox.de/2017-09-02_ransomware-mit-sandbox-schutz/
58 https://www.golem.de/news/ceo-fraud-autozulieferer-leoni-um-40-millionen-euro-betrogen-1608-122741.html
59 anmerkungen@blog.data-detox.de?subject=Militär-Bingo
60 https://www.datenschutz-grundverordnung.eu/grundverordnung/art-17-ds-gvo/
61 https://www.armis.com/blueborne/
62 https://www.gesetze-im-internet.de/tmg/__13.html
63 https://dsgvo-gesetz.de/art-17-dsgvo/

Endnoten

64 https://microblog.data-detox.de/2017-09-17_deins-ist-nicht-deins-wenn-es-nach-google-geht/
65 https://www.gesetze-im-internet.de/bdsg_1990/__19.html
66 http://www.gesetze-im-internet.de/bdsg_1990/__34.html
67 https://www.theguardian.com/technology/2017/sep/26/tinder-personal-data-dating-app-messages-hacked-sold?CMP=share_btn_tw
68 https://www.statista.com/chart/11370/share-of-jobs-at-high-risk-of-automation-by-early-2030-in-us-uk/
69 http://www.thesmokinggun.com/file/van-halen-1982-backstage-rider?page=8
70 http://facebook-agb-das-musical.de/
71 https://de-de.facebook.com/legal/terms
72 https://www.heise.de/newsticker/meldung/NSA-ueberwacht-internationalen-Zahlungsverkehr-1956710.html
73 https://krebsonsecurity.com/2017/10/hyatt-hotels-suffers-2nd-card-breach-in-2-years/
74 https://www.heise.de/tp/features/Google-weiss-was-Kunden-mit-Kreditkarten-in-Geschaeften-kaufen-3723758.html
75 https://www.heise.de/newsticker/meldung/Werbe-Tracking-Facebooks-Kooperation-mit-Datenhaendlern-in-der-Kritik-3585647.html
76 https://www.sparkasse.de/service/kontaktloses-bezahlen-NFC.html
77 https://youtu.be/OL8Eh2XLp80
78 https://www.ccc.de/de/updates/2017/chip-zappen
79 https://ccc.de/system/uploads/224/original/Reisepass-zappen.mp4